中国通用航空产业园区投融资与开发模式研究

李学祥 著

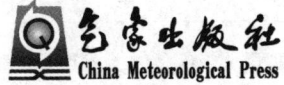

内容简介

本书从国内外通用航空产业发展概况、国内通用航空产业市场前景、通用航空产业园区发展实际研究入手，结合产业经济和区域经济发展理论研究和作者实践经验，对通用航空产业园区的投融资及开发模式提出了具体的解决方案，为广大通用航空产业以及园区开发工作者提供参考和借鉴。

图书在版编目(CIP)数据

中国通用航空产业园区投融资与开发模式研究/李学祥著. --北京:气象出版社,2018.8
 ISBN 978-7-5029-6821-2

Ⅰ.①中⋯ Ⅱ.①李⋯ Ⅲ.①民用航空—工业园区—产业发展—研究—中国 Ⅳ.①F562

中国版本图书馆 CIP 数据核字(2018)第 180772 号

Zhongguo Tongyong Hangkong Chanyeyuanqu Tourongzi Yu Kaifa Moshi Yanjiu
中国通用航空产业园区投融资与开发模式研究

出版发行：气象出版社

地　　址：北京市海淀区中关村南大街 46 号	邮政编码：100081
电　　话：010-68407112(总编室)　010-68408042(发行部)	
网　　址：http://www.qxcbs.com	E-mail：qxcbs@cma.gov.cn
责任编辑：王凌霄　张锐锐	终　　审：吴晓鹏
责任校对：王丽梅	责任技编：赵相宁
封面设计：楠竹文化	
印　　刷：三河市君旺印务有限公司	
开　　本：710 mm×1000 mm　1/16	印　　张：6.25
字　　数：140 千字	
版　　次：2018 年 8 月第 1 版	印　　次：2018 年 8 月第 1 次印刷
定　　价：39.00 元	

本书如存在文字不清、漏印以及缺页、倒页、脱页等，请与本社发行部联系调换。

序　言

李学祥先生此前参与了不同类型的产业市镇和产业新城规划建设项目,从2009年开始,专注于中国通用航空产业及园区的研究、规划、建设、运营与发展。2015年开始,全程负责参与了宏泰石家庄通航产业园和武汉中航宏泰通航产业综合示范区的前期选址、规划设计、产业构建、项目建设与园区运营等工作。此次出版的《中国通用航空产业园区投融资与开发模式研究》,是国内第一本系统阐述通用航空产业园区投融资与开发模式的专著,有很高的学术价值和实践借鉴。

产业选择——枢纽型主导产业决定园区未来

作为产业载体的园区,其实是与其主导产业相互依存的。可以说通用航空产业作为枢纽型产业,其本身除了发展高端制造以外,在国家经济建设、社会发展、公共服务等方面发挥着重要作用。本书通过严谨地分析国内外通用航空产业及园区发展概况和市场需求,让读者能够清晰地认识到通用航空的上中下游产业链及未来市场的广泛前景。

技术协同——科技创新是园区开发的核心理念

技术协同与科技创新,是园区开发的核心理念,也是有效实现中国新旧动能转换与产业结构转型升级的重要措施。通用航空产业链上下游产业关联度强、依存度高,是典型的技术协同产业。本书详尽地讲解了通航园区开发内容,从空域资源、基础设施、地面服务保障、空地数据链建立、空管、飞行综合信息服务系统,到机场、地面固定基地运营商、飞行服务站,无一不需要技术协同与科技创新予以支撑,而所有这些构建了航空运营软硬件环境,才能够有效服务于市场需求。

资本聚合——产融结合是园区经营之道

通用航空产业在通航飞机制造、零部件、运营、维修、培训、托管、航油、航材等主辅产业链上均需要进行大量投资,如何获得这些投资以及如何满足投资回报,则需要严谨的分析设计。本书通过详细解释北京通用航空产业基地投融资方案设计,对园区产融结合进行了科学总结,为类似的规模化产业园区投资项目提供了重要借鉴。另一方面,由于我国通用航空产业大部分仅用于生产活动,而此类项目又限于国有企业对部分资源的垄断,以及越来越激烈的市场竞争导致的利润微薄等因素,在新兴市场未得到全面开发之前,其投融资策略与纯市场化的产业投资还是存在着一些差异,本书的讲解与梳理在此方面将为读者提供实例参考。

规模定制——市场运营是园区发展的灵魂

在过去,市场运营本是企业内部行为,是企业之间的竞争较量,但随着国民经济的不断发展，竞争所带来的资源浪费和产能过剩逐渐凸显出来。适配市场需求的园区市场运营，将调和企业之间的恶性竞争，平衡供需关系，更有效地促进新兴市场的建立。本书通过对我国通用航空市场的需求分析，为我们梳理了现有市场的重点需求，同时也提示我们通用航空产业的延展性，未来随着"通航＋旅游"、"通航＋农林"、"通航＋能源"、"通航＋急救"、"通航＋娱乐"等商业模式的发展，通用航空产业将迎来其新的历史发展机遇。

政企合作——公共服务与园区服务深度融合

通用航空产业在空中公安巡视、空中医疗救护、空中城市消防等方面都具有典型的公共服务属性。本书所介绍的武汉经开区通航产业综合示范区的PPP模式设计，无疑是政企合作的一个典型案例，也是政府采购公共服务配套基础设施建设及委托运营的一种范式。

园区中国作为产业园区领域专业投行，深刻认识到产融结合是园区经营之道。园区中国从2017年开始关注聚焦于园区的落地产业，以及其市场运营，因为只有规模化定制才能让产业园区内的主导产业得以持续发展，而规模定制则来源于市场运营。园区中国将不断针对各个科技创新产业细分领域进行深入研究，与专业运营商、行业专家和有项目操盘经验的行业同仁一起，探索中国产业园区的新模式、新机制和新路径。

最后，感谢李学祥先生所著的《中国通用航空产业园区投融资与开发模式研究》对行业模式的分享和产业园区投融资经营方面的思考。

以上是为序，祝愿中国通用航空产业园区更好地为区域综合发展、地区经济转型提供更多的保障和支持。

园区中国控股有限公司 董事长 梁椿
2018年8月

前　言

国务院、中央军委《关于深化我国低空空域管理改革的意见》的出台,标志着制约我国通用航空事业发展的主要瓶颈将很快打破,通用航空将迎来重要的发展机遇。通用航空作为国家战略性新兴产业,各地都在积极抓住这一战略机遇,大力发展通用航空产业,策划举办通用航空博览会、展览会集聚资源,提升本地知名度,并积极引进国际通用航空巨头与本地企业联姻合作开展通用飞机制造,通用航空产业基地正是在这种发展背景下应运而生。

关于通航产业园区的投融资与开发研究,无论是在学术界还是实践界,目前都尚处于起步阶段,这是因为通航产业园区是个新生事物,它不同于以往的其他产业园区,基地内部还配有通用机场,其产业项目的安排不仅有通用飞机制造,还涉及通用航空飞行活动;在管理层面,不仅涉及民航管理,还关联军方管理,不仅有地面管理,还涉及空域管理;在功能层面,不仅有生产功能,还有应急救援、空中医疗救护、森林消防等公共管理功能,因此是一个复杂的体系,是一个具有多种功能的综合集聚区。

作者曾主持过北京市通用航空产业基地的发展规划和开发实施方案、北京市新机场新航城发展规划及系统性融资方案,并曾任投资北京国际有限公司研究院副院长、中国宏泰产业市镇发展有限公司(6166.HK)副总裁,全程负责参与了宏泰石家庄通航产业园区、武汉中航宏泰通航产业综合示范区的规划、开发、建设、运营全过程,对通航产业园区的规划、开发、投融资有很丰富的研究功底和实战经验。

本书将从国内外通航产业发展概况、国内通航产业市场前景、通航产业园区发展实际研究入手,结合产业经济和区域经济发展理论研究和作者实践经验,对通航产业园区的投融资及开发模式提出了具体的解决方案,供广大通航产业以及园区开发工作者参考和借鉴。

目 录

序言
前言

第1章 国内外通用航空产业及园区发展概况 ……………………………… 1

  1.1 通用航空及相关概念界定 …………………………………………… 3
  1.2 国外发达国家通航产业发展状况 …………………………………… 5
  1.3 我国通用航空发展概况 ……………………………………………… 10
  1.4 我国主要通用航空产业基地发展概况 ……………………………… 12

第2章 通航园区开发及投融资理论研究 …………………………………… 17

  2.1 通用航空相关理论研究 ……………………………………………… 19
  2.2 投融资理论研究 ……………………………………………………… 25
  2.3 关于产业园区开发投融资模式研究 ………………………………… 26
  2.4 关于机场的投融资研究 ……………………………………………… 27
  2.5 园区内通航企业建设投融资研究 …………………………………… 29

第3章 我国通用航空市场需求分析 ………………………………………… 31

  3.1 公务飞行市场需求分析 ……………………………………………… 33
  3.2 支线(通勤)市场需求分析 …………………………………………… 33
  3.3 通航作业市场需求分析 ……………………………………………… 34
  3.4 航空快递市场需求分析 ……………………………………………… 36
  3.5 通航教育培训市场需求分析 ………………………………………… 38
  3.6 飞机购买市场需求分析 ……………………………………………… 39
  3.7 飞机维修与改装市场需求分析 ……………………………………… 40

第4章 北京通用航空产业基地投融资现状及问题分析 …………………… 43

  4.1 北京通用航空产业基地基本情况介绍 ……………………………… 45
  4.2 北京通用航空产业基地投资建设内容及融资现状分析 …………… 49
  4.3 基地投融资困难及成因分析 ………………………………………… 51

第 5 章　北京通航产业基地投融资方案设计 …………………… 55
　　5.1　基地土地一级开发投融资方案设计 ………………………… 57
　　5.2　通用机场投融资方案设计 …………………………………… 62
　　5.3　通航产业项目投融资方案设计 ……………………………… 65
　　5.4　北京通航产业基地其他投融资建议 ………………………… 71

第 6 章　武汉经开区通航产业综合示范区 PPP 模式设计 ……… 75
　　6.1　项目建设背景及概况 ………………………………………… 77
　　6.2　项目构成及建设内容 ………………………………………… 78
　　6.3　项目采用 PPP 模式的必要性和可行性 ……………………… 79
　　6.4　项目运作方式 ………………………………………………… 81
　　6.5　项目回报机制设计 …………………………………………… 83
　　6.6　项目评估与监管 ……………………………………………… 85

参考文献 ……………………………………………………………… 88

第1章 国内外通用航空产业及园区发展概况

1.1 通用航空及相关概念界定

通用航空,是指使用民用航空器从事公共航空运输以外的民用航空活动,涉及公务飞行、教学飞行、空中观光、体育航空、工农业生产、城市生产、医疗救助、环境保护等方面。《国务院 中央军委关于深化我国低空空域管理改革的意见》的出台,标志着制约我国通用航空事业发展的主要瓶颈将很快打破,通用航空将迎来重要的发展机遇。预计今后10年间我国通用航空年均增长将达到15%以上,到2020年,通用飞机保有量将突破9000架,须新增8000架。

在西方发达国家,通用航空将是继汽车制造、房地产之后的拉动国民经济发展的第三个支柱性产业。国内很多城市都把发展通用航空作为其新型主导产业来进行培育,策划举办航空航天展览会集聚资源、提升知名度,并积极引进国际通用航空巨头与本地企业联姻合作,通用航空产业园和产业基地纷纷拔地而起,各地发展势头非常迅猛。

截至2015年年底,全国已规划设立的航空产业园38个,其中国家级航空产业基地9个,所在省份有陕西、辽宁、贵州、黑龙江、四川、天津、上海、江西和广东;地方设立的航空产业园29个,所在省份包括:北京、河北(2)、内蒙古、辽宁(4)、吉林、江苏(5)、浙江、山东(6)、安徽、福建、湖北、湖南(2)和陕西(3)。截至2015年年底,各地已批准设立且有一定基础条件的通用航空产业园区有13个:沈阳法库通用航空产业基地、北京通用航空产业基地、天津直升机基地、石家庄中航工业华北通用航空产业基地、山东滨州大高航空城、山西太原通用航空产业基地、陕西渭南卤阳湖通用航空产业开发区、湖北荆门通用航空产业园、江西南昌通用航空产业基地、成都通用航空产业基地、贵州安顺通用航空产业基地、昆明通用航空产业基地、广东珠海通用航空产业基地,除了石家庄通用航空产业基地是老的航空产业基地外,其他12个通航产业园区都是最近几年批准的,都处于开发建设与招商引资中。本书对通航产业园区的投融资与开发模式进行研究,以便指导这些园区的发展。

1.1.1 土地一级开发

按照目前国内的实践,土地一级开发是城市政府在土地出让或划拨前对土地进行整理、投资、开发的过程。具体可以理解为:城市土地一级开发就是按照国民经济和社会发展规划、城市总体规划、土地利用总体规划和城市土地储备供应计划的要求,将列入储备开发、土地供应计划的项目,在确定土地开发实施方案后,以政府委托或公开招标的方式确定一级开发主体,获得土地项目一级开发权的开发主体再根据"政府主导,统一规划,市场化运作"的原则,运用现代项目管理的理论、系统和方案,组织实施土地开发项目的征地、拆迁、规划设计、市政基础设施和配套建设、交通建设、环境建设和投融资,并为二级开发商服务,提供土地开发项目完成后的经营管理方案,对土地开发项目实施速度、品质、成本全过程把握和控制,达到土地开发项目社会效益、环境效益、经济效益高度统一的动态过程。

1.1.2 通用航空

通用航空,是指使用民用航空器从事公共航空运输以外的民用航空活动,包括从事工业、农业、林业、渔业和建筑业的作业飞行以及医疗卫生、抢险救灾、气象探测、海洋监测、科学实验、教育训练、文化体育等方面的飞行活动,是民用航空的重要组成部分。通航飞行一般使用小型飞机,多为低空、超低空飞行,没有固定的高度和航线,相比民航运输航空,具有很强的灵活性。

1.1.3 通用机场

《民用机场管理条例》(国务院令第553号)第八十四条对通用机场进行如下定义:通用机场是指为从事工业、农业、林业、渔业和建筑业的作业飞行,以及医疗卫生、抢险救灾、气象探测、海洋监测、科学实验、教育训练、文化体育等飞行活动的民用航空器提供起飞、降落等服务的机场。2012年民航局制定的《通用机场建设规范》将我国通用机场分为三类。第一类是指具有10～29座航空器经营性载人飞行业务,或最高月起降架次达到3000以上,或纳入政府应急救援及公共服务基础设施体系的机场。第二类是指具有5～9座经营性航空器载人飞行业务,或最高月起降架次600～3000,或具有对公众提供公共服务类飞行活动的机场。第三类是指除第一类和第二类以外的通用机场。

1.1.4 通用航空产业园区/基地

通用航空产业园区/基地是指通用航空产业集聚的区域。本书所指的通用航空产业园区是指依托通用航空机场而兴建的通用飞机制造、通用航空运营服务、航空物流、航空教育培训等关联和延伸产业的集聚区。

1.1.5 投资

投资[①]指的是用某种有价值的资产,其中包括资金、人力、知识产权等投入到某个企业、项目或经济活动,以获取经济回报的商业行为或过程。可分为实物投资、资本投资和证券投资等。

1.1.6 融资

广义的融资是指资金在持有者之间流动以余补缺的一种经济行为,这是资金双向互动的过程,包括资金的融入(资金的来源)和融出(资金的运用)。狭义的融资只指资

---

① 见《企会计制度》(财会〔2000〕25号)。

金的融入。融资可以分为直接融资和间接融资。直接融资是不经金融机构的媒介，由政府、企事业单位，以及个人直接以最后借款人的身份向最后贷款人进行的融资活动，如发行企业债券和公司上市等。间接融资是通过金融机构的媒介，由最后借款人向最后贷款人进行的融资活动，如企业向银行、信托公司进行融资等。本书讲的融资主要是指企业的资金筹集的行为与过程，是指公司根据自身的生产经营状况、资金拥有的状况，根据发展规划和需要采用一定的方式、从一定的渠道向公司的投资者和债权人去筹集资金而进行的理财行为和过程。

1.2 国外发达国家通航产业发展状况

1.2.1 美国

美国是世界上通用航空最发达的国家，也是通用航空大国。其发展现状如下。

——飞机数量。美国在册的通用航空飞机大约22.4万架，而全球通用航空飞机总数约为34万架，占全球的比重为65.8%。其中活塞式飞机16.8万架，自制飞机19817架，近60%的通用航空飞机为私人拥有，其中约有2.5万架飞机由个人从事商业飞行，1.5万家企业使用通用航空飞机从事企业自身的公务飞行，另外约有8万架通用航空飞机从事社会公益性质的非经营性活动。

——飞行员数量。美国现有飞行员近70万名，其中通用航空飞行员约59.7万名，在役的运输飞行员中有一半以上来自于通用航空。

——机场数量。全美约有5233个公共机场和14757个私人机场。除500个机场供运输航班使用外，其余大约1.8万个机场供通用航空飞机(含直升机)使用。

——基础保障体系。全美有近700个机场有塔台控制，有300多个机场为通用航空设置了监控雷达，可以监控飞机的互相避让和有序地在机场终端区域实施飞行。同时，全美约有180个飞行服务站，为通用航空提供气象服务、飞行计划服务，提供飞行支持和其他方面需要的帮助。

——作业小时。美国通用航空每年飞行时间为2600万～2700万小时，累计飞行小时占民用飞机总飞行小时的80%。

——经济贡献。通用航空对美国经济及社会的发展做出了重要贡献，特别是通过产业链的相互作用，拉动了相关行业的发展、包括航空科技的进步。根据美国公务航空协会的统计，2010年美国的通用航空对经济做出了1500亿美元的贡献，其4.5万家通用飞机制造商和1万多个零部件供应商共创造了150万个就业机会和530亿美元的净收益。

美国通用航空发展经过了几十年的历程，在政府支持、经济发展、行业监管等诸多有利因素的推动下，得到了快速发展，我们主要从政策法规、行业机构、通用飞机、飞行员、通航作业、机场体系以及空域划设等几个方面来总结其特点,见表1-1。

表 1-1 美国通用航空产业特点

类 别	特 点
政策法规	早在 1994 年由国家颁布了通用航空振兴法案;设立了小型航空器运输系统项目以及新一代航空运输系统项目;由政府、企业、研究机构共同研究制定了联邦投资计划大纲、通用航空实验飞行计划、通用航空推进计划、空中高速路计划等一系列计划措施。
行业机构	美国联邦航空管理局颁布了涵盖航空器制造、运营以及维修的规章和最低要求;同时在飞行员和飞机认证上做了许多推进工作,并保证承运商为飞行员与机场提供服务;美国国家运输安全委员会负责调查每一起民航空事故,进行特殊调查与安全研究,并为美国联邦航空管理局发布安全手册以减少未来事故的发生。
通用飞机	飞机机型包括了活塞、涡轮、涡喷等引擎的固定翼飞机、旋翼机、直升机、业余的简易飞机、滑翔机等,且应用广泛;大多为私人所有,私有、培训、商务以及企业航空器占通用航空器总数的 90%,并占通用航空飞行时间的 70%,休闲飞行的比例日益增加;航空器所有权得到认可,多个所有者可以共同承担通用航空飞行器的固定成本。
飞行员	拥有全面完善的飞行执照发放系统,针对不同的行业有不同的规章和要求;按执照类型分为飞行学员、娱乐、体育、私人、商业、航线运输飞行员、直升机和滑翔机飞行员、飞行教练;为竞技航空增加了一个新的级别来规定对轻型航空器飞行员的最低要求;使用超轻型航空器时,对飞行员许可或医疗认证没有要求。
通航作业	主要包括公务飞行、教学飞行、个人飞行、空中作业、休闲飞行、空中的士等几大类,应用领域非常广泛;美国联邦航空管理局管理所有通用航空器;2004 年引入轻型竞技航空器(低成本飞机)类别,大大增加了通用航空的参与人员数量;为保证通用航空共享空域使用的安全性,设立了无人驾驶航空器系统规章。
机场体系	美国联邦航空管理局管理所有机场的开发及运营;对私人机场的管理规定较少,对公共通用航空机场的管理规定较之于商业机场也较少;全面的机场基础设施开发计划,符合全国运输目标,有利于小型机场和通航机场,如美国国家整合机场系统计划,同时绝大多数机场向大众开放,并拥有完善的导航设备。特别是在第二次世界大战后许多军用机场转为民用,通用航空机场数量大增,这为美国通用航空产业的发展铺平了道路;美国国家机构整合计划旨在找出机场根据机场改进计划合法获得基金的条件,并为小型和通用机场带来了利益,其中通用机场获得了总发展基金(机场改进计划总计在 2007—2011 年提供了 412 亿美元)的 26%。
空域划设	空域级别划分根据国际民用航空组织的规定机构改进计划(李春锦等,2017),划分为 6 个级别(A,B,C,D,E 和 G),分别有不同的规章;几乎所有的通用航空都在 E 级别进行操作;G 级别不受限空域限制,通常通航广泛使用。

1.2.2 加拿大

在加拿大,通用航空指个人、公司或者政府机构对航空器的运营,具体目的包括休闲、商务、空中作业以及飞行训练。据统计,加拿大共有通用航空器 30418 架(标准航空器 18689 架,休闲飞行航空器 11729 架);飞行员 61595 人(私人飞行员 27743 人,商业飞行员 8070 人,定期航线运输飞行员 11315 人,直升机飞行许可 4288 人,休闲飞行许可10179人);共有机场1700个,年度作业时间约450万小时。

加拿大通用航空业发展过程中政府的积极推动起到了极大的作用,伴随着政府支持、机场建设、飞行员培训和国内航空器制造能力的提升,通用航空产业获得了极大的增长速度。其主要特点见表1-2。

表1-2 加拿大通用航空产业特点

类 别	特 点
行业机构	加拿大政府组建航空委员会来监视加拿大的整体航空业,包括军用航空;航空委员会对加拿大空域进行了规划、构建了国家机场网络、设立航空服务、支持私人航空发展、将偏远地区与加拿大其他地方连接起来并且政府还支持对飞行员的培训。航空委员会的统一工作得到政策的支持,政策制定清晰,规定了对包括非航空公司航空业在内的所有航空产业的支持;加拿大运输部规定民航安全规章;加拿大运输部通航局管理通航所有航空器;加拿大运输安全委员会调查海运、管道运输、铁路、空运的事故原因。
政策法规	加拿大航天航空和国防工业致力于鼓励研发和创新,到2010年资本投入达到10亿美元的规模;针对广泛的研发开支,加拿大政府提供免抵税和加速减税手段;联邦和省政府的税收优惠政策还表现在可以使企业以在加拿大直接投资或合同分包的形式投资研发,极大地减少了研发成本;政府向航空科技战略性研发提供资助支持,包括:加拿大技术合作项目——向加拿大私有部门的科研和创新活动进行资助;工业和地区利益项目——利用联邦政府采购吸引国际企业,推动加拿大工业;研究所还和加拿大及外国宇航公司合作,参与成本分担项目;政府政策鼓励产业聚集。在蒙特利尔有超过50%的业务集中在航空航天领域,39800项工作分布在130个公司里;所有航空器材产业集中在方圆30公里的经济圈内,几乎所航空航天专业学校和大学提供航空航天训练,许多与产业相关的国际组织也都聚集在蒙特利尔,如国际民航组织、国际空运协会、航空公司电信和信息服务。
通用飞机	加拿大航空工业的规模与能力在世界名列前茅,据加拿大航空航天工业协会提供的资料表明,目前其世界排名第四。现有通用航空器3万多架,航空制造企业400多家和85000名从业人员,其中航空占95%,航天占5%。
飞行员	政府推行通用航空支持政策,为学习飞行的加拿大人提供财务支持,在本国任何获得私人飞行员许可的加拿大人都得到了联邦政府支持,报销1/3的培训费用。拥有全面完善的飞行执照发放系统,针对不同的行业有不同的规章和要求。
通航作业	主要包括公务飞行、教学飞行、个人飞行、空中作业、空中的士等几大类,通用航空作业飞行年度作业量约450万小时。
机场体系	加拿大运输部管理所有机场开发和运营,目前有1700个机场;机场为联邦政府所有,出租给私人、机场机构以及运营管理机场的政府机构;政府设立了机场资产扶持项目来支持这些机场内重要的、安全相关的基础设施项目。
空域划设	空域级别划分根据国际民用航空组织的规定;境内空域分为7个级别(A至G),区分运营法则、服务水平、通信保障以及空域内空运的设备需求。

1.2.3 澳大利亚

通用航空在澳大利亚指注册的航空器从事的所有非大型国内和国际航空公司的非定期航班飞行任务。目前澳大利亚通用飞机数量11117架,这一数量明显大于用于公共航空运输飞机的222架,其中1320架为螺旋桨飞行器;通用机场数量为461个,通航作业飞行年度时间169万小时。现有700多家通用航空企业及运营商,雇用了大约4700名员工,全年营业额约10.5亿美元。其主要特点见表1-3。

表1-3 澳大利亚通用航空产业特点

类 别	特 点
行业机构	1995年,澳大利亚政府成立了民航安全机构,制定澳大利亚的民航安全运营规章,特别是在轻型航空器等相关领域制定和修改了相应的法律法规,并完成了机场的私有化;其在通用航空领域的工作包括:核准航空器、维修运营商;发放飞行员和技师执照;提供安全教育和培训计划;政府航空器车间在战后运营两个大项目支持航空产业;澳大利亚运输安全局是安全交通事故调查机构。
政策法规	1937年,《航空规章》将航空器划分为三个类别:公共运输、空中作业、私人所有。政府营造出的需求(航空邮件、空中医护)支持了通用航空的成长,造就了早期的航空公司运营商;1985年,两座超轻型航空器得到法律认可,允许培训;1987年,众议院交通部常务委员会——竞技航空安全机构提升了超轻型航空器的最高飞行高度至5000英尺①;1998年,业余人员组建的航空器能够获得特殊适航性证书,在实验型证书下,航空器制造人员为适航性全权负责;1988年,《民航规章1988》和《民航安全规章1998》被归属为民用航空法案,对航空安全进行整体规章性控制;2002年5月,澳大利亚采用了国家空域系统,为通用航空提供了更加自由的空域使用条件。
通用飞机	由政府设立民航法案,并成立了航空制造企业。政府航空器车间运营两个大项目来支持航空产业;现通用飞机数量11117架,其中1320架为螺旋桨飞行器。
飞行员	拥有全面完善的飞行执照发放系统,针对不同的行业有不同的规章和要求。
通航作业	通航作业主要包括公务飞行、农业飞行、飞行培训以及航空救援等,通航作业飞行年度时间169万小时。
机场体系	当地政府监管本地区所有机场,通用机场由私人业主及本地的政府所有;机场本地所有计划于1956年设立,在此计划中联邦政府为支线机场提供技术建议以及财务赞助,赞助费以已批准维修工作成本的1/2。

1.2.4 巴西

巴西作为和中国国情相似的发展中国家,通用航空在过去30年间保持了年均6%的增长速度。目前通用飞机数量为10417架,其中固定翼航空器10316架、直升机1101架,与民航公共运输飞机比例为24∶1,通用机场数量为2498个,通航作业飞行

---

① 1英尺=0.3048米

年度时间约 1500 万小时。

巴西主要通过开发生产被美国和欧洲工厂所忽略的支线客机产品而打开了国际市场。经过多年努力，巴西飞机制造公司获得了巨大发展，一跃成为世界上生产支线客机、教练机和通用航空飞机的主要国家之一。巴西的成功成为发展中国家发展航空高技术产业的楷模。其主要特点见表1-4。

表1-4　巴西通用航空产业特点

类　别	特　点
行业机构	巴西国家民航机构管理联系到民航航空器、部件、人员执照、运营以及机场相关的安全和安保事务，并负责审批巴西航空工业公司的飞机制造；航空事故调查和预防中心负责对航空相关的事故进行调查；巴西国家民航机构的航空注册局负责的注册工作包括记录航空器工作、注册、注销、适航性、进出口等。
政策法规	巴西政府对航空产业的发展除提供财政激励措施以外，还利用政府采购、技术转移和技术支持条款等特殊规定，促进飞机制造业发展。同时联邦政府还通过巴西国民经济与社会发展银行为飞机销售安排融资。政府重视加大科技投入，巴西航空技术中心和航空技术学院的建立，为巴西发展和获得现代飞机制造业所必需的技术、能力与人才奠定了基础。飞机制造商投资建立了虚拟现实设计室，在设计方面达到了世界最先进水平。
通用飞机	机型包括活塞、涡轮、涡喷等引擎的固定翼飞机、旋翼机、直升机、业余的简易飞机、滑翔机等，数量约10400多架。
飞行员	拥有全面完善的飞行执照发放系统，针对不同的行业有不同的规章和要求。
通航作业	巴西是世界上拥有全球最大的商务航空机群的国家之一；圣保罗被评为世界上三大最繁忙的直升机使用区域之一；在所有飞机中，1008架航空器注册为农用飞机；在巴西很多小城市没有商业航线，大量商务活动要依靠通用航空来完成，因此大多数固定翼航空器用于商业航空公司以及空中计程车服务中（商务或者CEO航空）。
机场体系	巴西机场基础设施公司负责所有机场的管理和运营；现有机场2498个，其中739座公共及1759座私有机场。
空域划设	空域级别划分根据国际民用航空组织（ICAO）的规定，划分为7个级别（A至G）。

1.2.5　国外发展通用航空的经验借鉴

从标杆国家近百年的通用航空发展历程中，我们可以总结出一些发展规律与主要做法，对于我们分析研究国内通用航空产业发展具有一定的参考价值和借鉴意义。

——产业发展初期依托政府引导支持。通用航空产业在发展初期，对周边关联产业的选择性与依赖性较强，如地产、金融、服务、机场基础设施建设等，短时间内并未形成规模效益，甚至出现了市场失灵的状况。政府在这一时期发挥了重要的引导和带动作用，在不断扩大政府性需求的同时，加大政策、人才、资金等方面的投入，积极地促进了通用航空产业不断走向健康发展的道路。

——为通用航空发展营造良好的外部环境。与通用航空产业发展密切相关的空域、机场、飞行员等基础资源以及相关政策均由国家层面加以解决,而政府相关部门在政策、资金等方面给予了通用航空大力支持,以促进通航外部环境的改善。特别是由于通航产业在促进地方经济发展和产业结构升级中也有着较大的作用,地方政府还在土地、财税等政策方面予以了相关支持。

——制定有利于通用航空发展的针对性政策和安全管理制度。为了实现通用航空的发展,政府出台了针对性的支持政策,帮助通用航空企业扩大规模,提高经营水平。同时出于通用航空自身的特点,在安全方面,政府建立和制定了一系列行业监管机制和安全法规制度,并有别于公共运输航空的安全管理制度。

——积极促进通用航空产业向深度和广度发展。针对通用航空产业链庞长、关联度高的特点,以某地区为中心形成了区域性连动式发展,同时依靠政府主导,在技术进步及市场需求的推动下不断降低成本,促使通用航空飞行更加安全、可靠、便捷,通用航空消费不断大众化、平民化。在美国航空产业界,还形成了各种各样行业协会组织,这些组织均代表着各方会员的利益,通过在国会和联邦政府机构之间游说和活动,以引起政府和社会关注,促使通用航空产业飞速发展。

1.3 我国通用航空发展概况

1.3.1 我国通用航空发展基本情况

中国的通用航空从1951年起步发展,至今已有60年的发展历程。近几年来,随着国家政策的逐步放开以及通用航空市场需求的日益增加,我国通用航空业呈现出良好的发展势头。以下为我国通用航空产业发展的基本概况。

——机队数量。截至2016年年底,中国通用航空机队在册总数为2595架(具),比上年增长16.1%。其中,固定翼飞机1705架(包含商务机264架)、旋翼机825架、气球61架、飞艇4架。

——从业人员数量。截至2016年年底,受雇于91部H章公司的飞行员共2584名(全职2069人、兼职515人)。

——机场数量。截至2016年9月30日,中国颁证的通用航空机场达70个。目前中国已建并运行成熟的固定运营基地(FBO)有13家,已建及在建的飞行服务站(FSS)共10个。截至2016年年底,中国境内的141部飞行学校共有20家。目前各类通用航空产业园区达140余家。

——飞行小时。2016年,全国通用航空行业完成通用航空生产作业飞行76.47万小时,比上年降低1.8%。其中,工业航空作业完成8.29万小时,占作业总量的10.8%;农林业航空作业完成5.10万小时,占作业总量的6.7%;其他通用航空飞行63.08万小时。

——通用航空企业数量。截至 2016 年年底,中国拥有获得通用航空经营许可证的通用航空企业 320 家,比上年增长 13.9%。其中,拥有实际作业量的企业 224 家,拥有 91 部 H 章运营许可企业 201 家,拥有 91 部 K 章运营许可的企业 32 家,拥有 135 部运营许可的企业 46 家。

1.3.2 中外通用航空发展对比分析

经过几十年发展,尽管我国通用航空产业形成了一定的规模,但从产业生命周期来看仍处在产业发展的初期,与美国、加拿大、巴西、澳大利亚等标杆国家相比还有很大的差距,主要表现为产业化程度低、规模小、基础设施薄弱、技术储备和自主创新能力不足,而在通用飞机数量、通用机场数量、年飞行小时、产值规模等方面也都远远落后于这些国家,表 1-5 为中国与标杆国家通用航空产业主要统计数据对比。

表 1-5 各国通用航空产业主要统计数据对比

统计项目	中国	美国	加拿大	澳大利亚	巴西
国土面积(万平方千米)	960	937	1000	770	51
国家人口(亿)	13	2.99	0.33	0.20	0.89
通用飞机数量(架)	1154	223877	4175	12229	9765
通航年飞行小时(万小时)	50.27	2376.3	50	180.8	500
通用机场及临时起降点(个)	286	19750	700	461	498
通用航空产值(亿元)	70	10500	—	—	—

注:数据摘自《2011 中国通用航空发展报告》。

从产业结构看,美国通用航空的比重远大于商业航空,是整个航空业的基础。而在中国,尽管商业航空已跻身于全球第二,但中国的通用航空几乎还未起步,产业结构严重失衡,空域(尤其是低空空域)浪费极大。图 1-1 形象地显示了中美两国的航空产业结构。

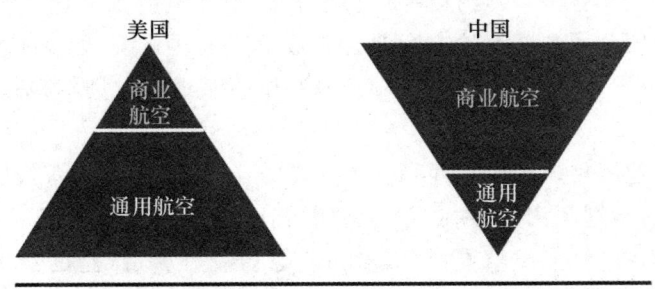

图 1-1 中美两国的航空产业结构

可以说我国的通航产业是改革开放 40 年以来开放程度最低的行业,特别是当前我国商业航空已跻身于全球第二,而作为民用航空两翼之一的通用航空产业规模尚未形成,必将有着空前广阔的发展空间。

1.3.3 中国通用航空产业发展趋势判断

近年来,国家相继出台了多项关于促进通用航空产业发展的政策与措施,尤其是2010年中央军委和国务院联合出台的《关于深化我国低空空域管理改革的意见》,破解了制约通用航空发展的空域瓶颈,必将为通用航空的大发展创造良好的空间。基于对政策动态的梳理与分析,我们可以做出以下趋势判断:一是国家促进通用航空发展的力度将持续加大;二是通用航空运营、管理等相关法律法规将逐步完善;三是通用航空将迎来较大发展;四是民营资本进入通用航空产业的积极性更高。

全国通用航空产业发展前景广阔。根据中国科协、中国航空学会、通用航空专家委员会2010年预测,未来10年,中国通用航空器市场总量有望达到10000架,预计市场规模约1500亿美元,按照产业拉动比1:10计算,通航全产业产出规模约为15000亿美元。初步预测北京通航产业将占据全国的1/3至1/5市场,其经济前景规模将达到3000亿~5000亿元以上。

1.4 我国主要通用航空产业基地发展概况

1.4.1 我国主要通航产业基地发展情况

(1)广东珠海航空产业园

2007年12月,广东省发展和改革委员会通过了《珠海航空产业发展规划》,将珠海航空产业园确立为广东省发展航空制造业的重要基地。2008年11月4日,中国航空工业集团公司与珠海市政府签署了合作发展航空产业的战略合作协议,珠海航空产业园宣布开园。按照中国航空工业集团公司与珠海市政府签订的战略合作协议,双方共同建设珠海航空产业园,联合打造特色鲜明的"中国航空工业通用飞机产业基地";中国航空工业集团公司与珠海地方企业合资成立具有国际竞争力的通用飞机有限责任公司;中国航空工业集团将其研发中心、总装试飞基地、交付服务基地和运输基地逐步移至珠海。

珠海航空产业园规划用地总面积97.16平方千米,其中以珠海机场附近14.70平方千米为核心区,规划利用国内航空产业资源和引进国外技术,发展飞机总装、飞机零部件加工制造、数控中心、航空维护、维修和航空物流等项目,立足于建设成航空产业链完整、临空经济发达的现代化航空新城。珠海航空产业园现拥有每两年一度的国际航空航天博览会的世界平台,国家4E级大型机场和翔翼飞行培训、摩天宇大型飞机发动机维修等大型航空产业基础,毗邻港澳且土地资源相对丰富,发展航空产业已具有一定的优势和基础。产业园规划实施近期、中期和长期"三阶段"发展战略,到2030

年,将航空产业园建设成为在国内外航空领域具有较大影响力、较强竞争力、集产学研于一体的航空制造业基地,建成世界民用航空产业转移的主要承接基地,航空产业将成为珠海及广东支柱产业。

(2)陕西渭南卤阳湖开发区

陕西渭南卤阳湖现代产业综合开发区是渭南市政府设立开发的省级重点开发区。2008年12月8日,陕西省人民政府印发了《陕西航空产业发展规划》(陕政发〔2008〕61号),明确了通用航空作为航空产业未来发展的方向和重点之一,并于2008年年底批准了以蒲城通用航空产业园为核心开发建设"卤阳湖现代产业综合开发区"的总体规划。2009年10月,中国国际通用航空大会开幕式在卤阳湖开发区通用航空产业园举行,时任中国民用航空局局长李家祥为园区授牌为"民航通用航空试点园"。目前开发区已被确定为中国每两年一度的"中国国际通用航空大会"永久会址。

卤阳湖开发区位于陕西省渭南市,总面积190平方千米。东西长30千米,南北宽1.5~7千米,核心区飞行主跑道(一期)长度为1200米,宽度为45米,停机坪为10万平方米。总体规划分为三期建设,通航产业起步阶段(2009—2012年)、通航产业发展阶段(2012—2015年)和通航产业成型阶段(2015—2025年)。规划以通用航空制造(研发、设计、制造、试飞)与通用航空运营服务(飞行培训、飞行体验、空中游览、航空博览、航空俱乐部、航空航天文化体验)为主导产业,结合当地独特的盐湖生态环境,打造航空主题体验旅游品牌,将开发区建设成为具有国际影响力的通用航空产业基地和航空特色体验旅游集聚区,打造生态、生活、生产和谐发展,田园、人居、产业魅力独具的城乡一体化发展典范。

(3)山东滨州大高通用航空城

2002年11月,经山东省人民政府同意、并报经空军司令部批准成立山东滨州大高通用航空城。自2003年6月动工建设,2004年4月顺利通过华东民航局验收;2004年5月,经国家民航总局批准核发了《民用机场使用许可证》。大高通用航空高新技术产业开发区已成为山东省省级开发区。

滨州大高航空城位于山东省滨州市沾化县境内。目前拥有50米宽、2200米长的跑道,可供B737起降;航空城规划占地5.3平方千米,总投资13亿元人民币。机场净空条件较好,并处在北京至济南、济南至青岛、北京至青岛三角形民用空中航线的中心空白地带,周围20千米范围内无高压线路和高大建筑物,飞行活动几乎不受限制。

2005年1月31日,滨州大高航空城与奥地利钻石飞机制造有限公司签订了合作合同,投资建立滨州钻石飞机制造厂,生产和经营钻石系列飞机,一期工程总投资4200万美元。2005年10月份第一架钻石飞机组装下线,三年内达到年产500架飞机的能力。2005年10月3日,第一架DA40钻石飞机正式下线并试飞成功。生产钻石DA40的山东滨奥飞机制造有限公司(以下简称滨奥公司)2008年3月获得了欧洲航空安全局生产组织机构批准认证证书,从而拿到了产品销往世界各地的"通行证"。随欧洲航空安全局与中国民航总局签署针对滨奥公司钻石DA40型飞机项目的谅解备忘录,以及中国民航总局为滨奥飞机颁发特许飞行证,滨奥公司正式跨入通用航空行业门槛。滨奥公司目前已接到来自世界各地的飞机订单200多架,年生产能力将达到140架,产值将达1.3亿元。

(4)湖南长株潭航空城

2007年5月,湖南省与中国航空工业第二集团就建设长株潭航空城开展战略合作。由中国航空工业第二集团公司,投资55亿元专门为中国大型飞机生产配套的长株潭航空城项目,计划成为中国中南部地区最大的航空航天产业基地,年产值500亿元。"长株潭航空城"以组建长沙飞机起落架工程中心为核心,规划建设"长沙航空工业园";以建设中小航空发动机研发与制造基地为中心,组建"株洲航空航天产业园"。以株洲为中心,依托中航二集团在株洲的中国航空动力机械研究所和中国南方航空工业有限责任公司,联合中航二集团在长沙的中南传动机械厂、中国航空工业第三设计研究院,打造株洲航空航天产业园。在已有的涡桨、涡轴、涡扇、活塞、小型汽油机动力的基础上,谋求建立先进的中小航空发动机研发与制造基地,建造国内外知名的综合航空航天产业园。

(5)辽宁沈阳通用航空产业基地

2005年出台的《沈阳老工业基地振兴规划纲要》,首次将民用航空航天产业列入今后沈阳市重点发展的工业链条之中。根据沈阳民用航空航天产业发展规划,沈阳市在民用航空航天产业方面重点实施"三个基地"建设工程。2008年,由沈阳市政府、中航第一集团公司和南方航空公司共同合作建设的"沈阳民用航空产业园"全面启动。中航第一集团公司与沈阳市政府、东陵区政府合作,计划总投资300亿元,用10年时间开发建设以民用航空产业为主导和以临空经济为特点的"沈阳航空经济区"。重点实施飞机、航空发动机、航空电子等机载设备的设计、研发、制造和维修项目,重型燃气轮机等航空高科技衍生产品和成套设备制造项目,航空培训和工程技术研发等项目。规划提出到2012年,规模以上工业总产值200亿元,初步建成全国最大民用航空产业基地。

在通用航空的服务领域,通过整合辽宁现有通用航空资源,走产业化、多元化的发展道路,计划组建10家航空俱乐部和10家通用航空公司,把辽沈地区建成全国通用航空服务基地。依托沈飞公司与国外先进企业合资合作,提高研发和技术创新水平,建成全国通用飞机研发和制造基地。依托黎明公司,坚持自主开发与合作相结合,建成全国民用飞机发动机研发和制造基地。沈阳通用飞机制造重点发展8~10座小型公务机、多用途飞机和4~5座轻型活塞式飞机以及2座超轻型和甚轻型活塞式飞机;研究和开发具有自主知识产权的通用飞机发动机。

(6)河北石家庄通用航空产业基地

石家庄通用航空产业基地于2008年11月底在栾城破土动工,该基地是中国航空工业集团公司在全国布局通用航空基地之一,由石家庄飞机工业有限责任公司(以下简称"石飞公司")全力打造通用航空产业基地,生产Y5B系列、Y15-2000、小鹰500、海鸥300等通用飞机,项目总投资约23亿元。规划利用3~5年的时间,完成通用飞机生产规模的建设,实现年产各类通用飞机160~200架的生产能力,其中4~5座飞机100~120架、6~8座飞机30~40架、9~15座飞机30~40架。

石家庄通用航空产业基地现有航空产品包括运五B飞机、小鹰500飞机、蜻蜓系列超轻型飞机、三角翼飞行器、航空农业播撒设备、蜜蜂11超轻型飞机等。通用航空产业基地建成后,主要航空产品包括:9~15座级通用飞机进入整合后的石飞公司研制;运五B飞机换发改型为水上型、陆路型两种状态,立项批准后进入基地研制;小鹰500飞机改型,增加固定式起落架的飞机品种,满足飞行员最初培训的低成本要求;采取国际合作,引进6~8座单发涡桨轻型多用途飞机项目进行合作生产;通过Y12飞机零部件加工、制造,扩展与其他国内外主机制造企业的合作;蜻蜓系列超轻型飞机、三角翼动力伞进入基地系列发展;建立航空农业设备研发中心,为多用途通用飞机和专业农用飞机配套航空农业设备。另据规划,基地计划继续国际合作,引进5~8座高档公务机项目合作生产,形成年产高档公务机8~10架的生产能力,"十三五"末,打造高端公务机自主品牌。

(7) 北京通用航空产业基地

北京通用航空产业基地是2011年12月由北京市经济和信息化委员会、北京市发展和改委员会、北京市科学技术委员会批准挂牌的通用航空产业园区。北京通用航空产业基地位于平谷区金海湖地区,总签约金额40余亿元,占地11平方千米,建有金海湖机场,处于环渤海和京津冀中心节点位置,定位为专项发展通用航空产业。规划显示,北京通用航空产业基地建成后,将可支持北京开展包括通航产品研发、制造、销售、维修及飞行员培训等大部分的通用航空活动。北京通用航空产业基地达产后,将实现年产值650亿元,收入800亿元,带动就业7500人,培育3~5家龙头企业和20~50家规模较大、影响力较强的中型企业,形成独具特色的通用航空产业集聚区。

根据基地的规划,空间布局方面,北京通用航空产业基地充分利用现有基础条件,联合中航工业等国内外著名航空制造业、服务业企业,按照集聚、集约的发展原则,着力打造以金海湖机场为枢纽,以通航研发、制造为核心,集通航维修、运营飞行、会展销售、教育培训于一体的通用航空现代服务业集聚区。通过深入的调研与专家论证,提出通用航空产业"一园五区"的产业布局与功能定位。

"一园"指北京通用航空产业基地。

"五区"分别是:①通用航空运营中央核心区;②通用航空商务旅游度假区;③通用航空制造业服务区;④通用航空零部件制造区;⑤通用航空器材进出口保税区。

1.4.2 国内通航产业基地发展评价

目前,国内批准设立的通用航空产业基地大多处于建设阶段,园区的前期建设主要由当地政府投资,都在大力引进飞机制造项目,或与中航工业合作开展相关机型组装制造,或与国外厂商合作引进成熟机型先开展组装,逐步过渡到整机制造,到最后是形成自主知识产权、自行研发制造。由于园区建设投入较大、飞机制造项目投资较高,再加上中国目前通航产业市场尚处于培育阶段,这些园区大都处于前期建设和招商引资阶段,因此,这个阶段园区的投融资问题是一个关键问题。

第 2 章 通航园区开发及投融资理论研究

国内目前专门针对通用航空产业基地的投融资研究尚少,根据本书的研究框架,本章主要从与通航产业基地相关的园区土地一级开发、机场建设和通航产业项目建设的投融资角度对目前国内外相关文献进行综述。

2.1 通用航空相关理论研究

2.1.1 公共物品理论

萨缪尔森(1954)认为,公共物品是指"每个人对这种产品的消费,都不会导致其他人对该产品消费的减少"。相对而言,私人物品是指"如果一种物品能够加以分割因而每一部分能够分别按竞争价格卖给不同的个人,而且对其他人没有产生外部效果"。公共物品的基本特征有两个。

第一,非排他性。它是指只要有人提供了公共物品,不论其意愿如何都不能排除其他人对该产品的消费。若想排除其他人从公共物品的提供中受益,或者在技术上是不可行或极其困难的,或者排除的成本过于昂贵而缺乏可行性。

第二,消费的非竞争性。它是指某物品在增加一个消费者时,边际成本为零,这并不意味着多提供一单位公共物品的边际成本也为零,在这种情况下,多提供一单位的公共物品的边际成本同其他产品一样是正的,因为公共物品的提供同样耗费了有限的资源。

根据公共物品是否具有非排他性和非竞争性两个特征,可以分为以下三类。

一是纯公共物品,是指严格满足非排他性和非竞争性两个条件的产品。一般认为国防和电视节目是纯公共物品的两个典型代表。

二是俱乐部型公共物品,是指在消费上具有非竞争性,但却可以轻易地排他的产品,如公共游泳池、电影院、图书馆等。俱乐部型公共物品的使用者数目总是一定的,与人们在俱乐部消费产品的形式类似。

三是共同资源公共物品,是指在消费上有竞争性,但却无法有效排他的产品。对于这类产品,不付费者不能被排除在消费之外。如公共渔场、公共牧场等。与纯公共物品一样,共同资源的总量既定,具有向任何人开放的非排他性。在对共同资源的消费超过一定的限度时,也会出现"拥挤"问题。

本书所讲到的通用机场,具有一定的公共物品属性,但同时又有一定的经济属性,不是纯粹的公共物品。

2.1.2 基础设施理论

国民经济活动可分为基本生产部门和为其服务的基础结构部门,前者为企业直接投资,后者为社会共同投资。如何处理两者之间的关系,如何发展基础设施部门,西方经济学家在发展中国家资金不足的前提下,提出了三种不同的发展理论和观点。

(1)基础设施先行论

基础设施先行论[①]最早由英国经济学家罗森斯坦·罗丹提出,他于1943年在《经济学》杂志发表《东南欧工业化》一文,提出了"社会分摊资本"的概念和超前建设的观点。基础设施先行论认为,在消费品工业建立以前,必须大规模的筹集大量不可分割的社会分摊资本,建立起基础设施部门,这些资本通常占总投资的30%~35%,依靠私人和市场积极性是无力做到这一点的,必须通过倡议、计划或规划等步骤,为工业部门创造投资机会。基础设施建设工期长、投资额大,资本产出率高,应根据社会经济发展预测,有准备、有步骤地进行投资和建设,不然就会产生工业发展后电力不足、道路不畅,临时弥补又会出现巨额资本无法筹集、从而丧失时间、制约经济增长等问题,所以基础设施应优于直接生产部门,超前发展。

(2)设施部门滞后论

基础设施部门滞后论[②]是从美国经济专家赫希曼的不均衡增长理论引申出来的,设施部门滞后论反对基础设施先行论,认为优先发展基础设施是一种"超能力的发展",不能刺激引致投资;而优先发展生产部门,虽然是一种"短缺的发展"、不平衡的增长,但能产生最有效的投资结果,刺激进一步的投资,实现"引致决策"最优化。所以在资本有限的情况下,应集中投资于直接生产部门,尽快地获得收益,增加收入,待直接生产部门发展成长并有了较大的收益后,再利用一部分资金投资于基础设施,推动基础设施建设。

(3)基础设施同步论

基础设施同步论[③]的主要推崇者是经济学家纳克斯,他于1953年在《不发达国家的资本形成问题》一书中,主张对工业、外贸、消费品生产、资本品生产、基础设施等国民经济各个部门,同时按不同比例进行大规模投资,实行平衡增长战略。基础设施同步论认为,发展中国家穷困是由于经济落后、收入太低,导致供给方面储蓄水平过低,需求方面市场容量太小,投资引诱不足,从而造成贫困恶性循环,这就是所谓"纳克斯陷阱"。为了打破这一困境,必须同时对国民经济各个部门进行大量投资,均衡发展,使经济增长迅速达到一定的高度,人均收入突破一定的限度,才能彻底冲破低收入造成的贫困恶性循环。

本书所谈的通航产业基地里面的通用机场以及其他道路、水电热气等基础设施,

---

① 王飞(2006)对基础设施理论进行了详细的总结,他认为,从经济学的意义上来说,社会分摊资本是遍及整个社会利益的公共设施投资,这些基础设施的建设可为直接生产部门提供外部经济效果,从而达到收益递增的目的。

② 王飞(2006)认为,从经济学角度讲,基础设施滞后论是一种利用低成本追求利润最大化的行为,以便加速资本的原始积累,从而实现扩大再生产。

③ 王飞(2006)认为,从经济意义上讲,基础设施同步论是一种利用低成本追求利润最大化的行为,以便加速资本的原始积累,从而实现扩大再生产。

符合基础设施先行论,因为通用机场以及配套的导航通信设施,是开展飞机制造、通用航空业务的前提条件,没有这个做支撑,后面与飞行相关的业务将无法开展。但考虑到地方财力有限和当前生产部门的需要,基础设施的超前发展要适度,要量力而行。

2.1.3 产业集群理论

产业集群,亦简称为集群,用来定义在某一特定区域(通常以一个主导产业为主)中,大量产业联系密切的企业以及相关支撑机构在空间上聚集,并形成强劲、持续竞争优势的现象。它是产业布局的一种实现形式,是产业发展演化过程中的地缘现象。产业集聚是产业集群形成的过程。

(1)马歇尔的产业集群理论

著名经济学家马歇尔是较早关注产业集聚这一现象的。他阐述了在外部经济与规模经济条件下产业集聚产生的经济动因,并把经济规模分为两类:一是产业发展的规模,这和产业的地区性集中有很大的关系;二是单个企业的资源、组织及管理的效率。他把第一类的经济规模称为内在经济规模(马歇尔,1920)。马歇尔发现了外部规模经济与产业集群之间的密切关系,他认为产业集群是由外部规模经济所致。当产业持续增长,尤其是增长集中在特定地区时,就会出现熟练劳工的市场和先进的附属产业,或产生专门化的服务型行业。以后的经济学家(克鲁格曼,1991)把劳动市场共享、专业性附属行业的创造和技术外溢解释为马歇尔关于产业集群理论的三个关键因素。

(2)韦伯的产业集聚理论

经济学家韦伯在1990年出版的《工业区位论》一书中,把区位因素分为区域因素和集聚因素。他认为,集聚因素可分为两个阶段:第一阶段是各个企业自身的简单规模扩张引起的产业集中化,这是产业集聚的低级阶段;第二阶段主要是靠大量企业以完善的组织方式集中于某一个地方,并引发更多的同类企业出现,这时大规模生产的显著经济优势就是有效的地方性集聚效应。韦伯在其区位理论中探讨了促使工业在一定地区集聚的原因,并将之归结为包括交通条件和资源指向的特殊原因、因共享辅助性服务和公共设施所带来的成本节约等一般原因。

(3)佩鲁的增长极理论

最早提出增长极概念的是法国经济学家佩鲁。佩鲁提出经济增长并不是在每个部门、行业按同一速度(比率)平均增长的,而是在不同部门、行业或地区按不同速度不平衡增长的。某些主导部门和有创新能力的行业集中于一些地区或大城市,以较快速度优先得到发展,形成"增长极",再通过其吸引力和扩散力不断地扩大自身的规模并对所在部门和地区产生支配影响,从而带动其他部门和地区的发展。

(4)波特的竞争优势理论

美国哈佛商学院的迈克尔·波特从企业竞争优势的获得角度对产业集聚现象进

行了详细的研究,他在 1990 年出版的《国家的竞争优势》中提出了产业群的概念,并指出,国家竞争优势的获得,关键在于产业的竞争,而产业的发展往往是在国内几个区域内形成有竞争力的产业集群。形成产业集群的区域往往从三个方面影响竞争:首先是提高该区域企业的生产率;其次是指明创新方向和提高创新效率;最后是促进新企业的建立,从而扩大和加强集群本身。

本书所谈的产业基地,例如北京通用航空产业基地,完全符合产业集群理论。北京通用航空产业基地就是在平谷区金海湖镇这一区域,以通用航空产业为主导,其他关联产业和支撑机构,如教育培训、物流、会展、旅游、商业以及居住等产业和功能在此集聚,最终形成一个产业链相对完整且对周边具有很强的辐射效应的产业集聚区。航空产业基地也符合增长极理论,在平谷区目前的经济社会构成中,通航产业将会以高于其他产业部门(如农业、食品工业、旅游、商贸业等)的增长速度而实现快速发展,形成该区域新的增长点,进而带动农业、旅游、商贸业的发展,带动周边其他几个乡镇的发展。

2.1.4 空间经济学

空间经济学是在区位论的基础上发展起来的多门学科的总称[①],研究空间的经济现象和规律、生产要素的空间布局和经济活动的空间区位。在克鲁格曼等经济学家的努力下,经济活动的空间区位对经济发展和国际关系的重要作用异乎寻常地引起了人们的高度重视。1952 年,美国著名经济学家保罗·萨缪尔森发表了《转移问题和运输成本:障碍缺失时的贸易条件》一文,提出了"冰山成本"的概念[②]。1977 年,迪克西特和斯蒂格利茨在《美国经济评论》上发表了著名的文章《垄断竞争和最优产品多样性》,以英国剑桥大学的罗宾逊和美国哈佛大学的张伯伦于 1933 年提出的垄断竞争思想为基础,构建了一个非常精巧而独特的垄断竞争模型。该模型为经济学很多领域的研究提供了崭新而方便的工具,扫除了技术障碍,从此,掀起了经济学研究中收益递增和不

[①] 区位理论可谓是空间经济学的渊源。德国学者冯·杜能在 1826 年撰写了巨著《孤立国同农业和国民经济的关系》,以一种全新的方式诠释并分析了地租和土地利用,而他对孤立国(城市)的描述,成为空间经济学发展的起源。韦伯在 1909 年撰写了《工业区位论》,建立了一系列概念、原理和规则,严谨地表述了一般的区位理论,并发展成为空间经济学的另一个流派。新古典区位理论代表人物沃尔特·克里斯塔勒于 1922 年出版了《德国南部的中心地区》,提出了中心地区理论;而另一代表人物奥古斯特·勒施在 1939 年出版了《区位经济学》,以最概括性的语言将一般均衡理论应用于空间研究。1956 年,沃尔特艾萨德出版了《区位和空间经济》一书,将上述几位学者的模型整合为一个统一、易于分析的框架,把区位问题简化为一个简单的比较选择问题,即厂商要权衡运输成本和生产成本,从而做出区位选择(张相文等,2011)。

[②] 本来在传统的贸易理论中是不考虑运输成本的,但现实贸易中运输成本是客观存在的,萨缪尔森并不特别描述运用资金和劳动力提供运输服务的行业,相反,他建议人们想象货物在运输途中被"融化"了一些,最终只有一部分能到达目的地,损失的那一部分便是运输成本。"冰山成本"形式的运输成本很巧妙,它极大地简化了模型的交易成本部分,并且便于分析和计算。这种极其聪明的运输成本形式,在空间经济学领域以及经济学的其他领域都得到了广泛应用(张相文等,2011)。

完全竞争的革命。这场革命有四波：第一波是产业组织理论，第二波是新贸易理论，第三波是新增长理论，第四波是空间经济理论。

正如藤田昌久、克鲁格曼和维纳布尔斯(1999)在《空间经济学》中所指出的那样，空间经济学是以迪克西特－斯蒂格利茨的垄断竞争模型、冰山成本技术、动态演化和计算机为标志的。集聚力和分散力是空间经济学研究的主要内容。集聚力来自关联效应、厚实的市场、知识溢出和其他外部经济，而分散力来自于不可流动的生产要素、土地租金或者运输成本、拥塞和其他外部不经济。

本书所谈的产业基地，例如北京通用航空产业基地也符合空间经济学的相关理论，从全球空间来看，发达国家土地成本和人工成本越来越高，在发达国家开展有关飞机制造项目越来越不适宜，再加上中国已成为全球通用航空增长速度最快的国家，未来十年也是通用需求最为旺盛的国家之一，在目前关税、增值税壁垒的限制下，越来越多的飞机制造厂商选择在中国开展飞机的装备制造。从全国的空间来看，北京是中国的首都，是中国的窗口，国际国内旅客较多，且总部企业林立，经济消费能力较强，对公务航空有着强烈需求，对购买私人飞机也有很强力的需求，另外，北京有很好的航空工业基础和科研资源，这些生产要素的聚集，利于在北京发展通用航空。从北京的空间来看，由于城区交通拥堵、土地成本高昂，且空域受限，因此，发展通用航空不适宜放在城区，而适合放在土地相对廉价、空域条件较好的郊区，而北京市平谷区，有通用机场设施做支撑、空域条件很好，而且土地成本相对低廉等因素，决定了北京的通用航空产业基地选址放在平谷区比较合适。

2.1.5 产业链理论

在自然界能使得生态平衡的主要因素是生生不息的生物链，而如果企业想稳定发展，依靠的则是其内部自上而下的产业链。

产业链是围绕核心企业，通过对信息流、物流、资金流的控制，从采购原材料开始，制成中间产品以及最终产品，最后由销售网络把产品送到消费者手中，将供应商、制造商、分销商、零售商直到最终用户连成一个整体的功能网链结构模式[①]。产业链是企业各部门依照一定的经济技术要求，形成的一种新型空间组织链。

产业链的动力特征主要包括产业链的优区位指向性特征、市场导向性以及政府诱导性特征等。优区位指向性特征是指在经济活动中，对劳动力、资金、技术、人才、政策以及地理位置等都会有特殊的区位偏好，在市场经济条件下，尤其对于那些资金、技术、劳动密集型产业来讲，这些区位条件都是十分重要的并且是动态可变的，所以这些

---

① 早在1958年赫希曼在《经济发展战略》中从产业的前向联系和后向联系的视角论述了产业链的内涵。但是由于供应链以及价值链等理论的兴起，产业链的概念相对弱化。据考证，最早提出"产业链"的是我国的学者姚齐源、宋武生。还有我国学者傅国华在研究海南热带农业发展课题中，提到了关于产业链的相关论述(唐文琳，2011)。

产业链会重新调整它们的区位,从而追求更高的利益。市场导向性是指在现代的经济条件下,市场的需求是多变的,所以作为市场主体的产业链上的各个部门必须具有很强的适应性,从而调整自身的经济结构。政策诱导性特征是指政府制定的一些政策对产业链的发展具有非常重要的作用,政府的政策不仅仅是对产业链的一种约束,更是一种发展上的指引。

本书所论的北京通用航空产业基地符合产业链理论。产业基地的发展目标就是打造一个产业链完整的产业集聚区,涉及飞机研发—设计—制造—展销—维修—培训—运营等整个产业链,这其中以制造和运营作为产业链两个重要"龙头",通过这两个重要节点来带动产业链上其他产业发展。因此,从产业链理论来看,产业基地要想稳定发展,需要重点打造这两个"龙头"节点,不断增强产业链发展动力和影响力。

2.1.6 发展经济学理论

发展经济学理论起源于发展研究,大规模的发展研究又归因于"二战"后第三世界的崛起。发展经济学的理论大体可划分为四类:宏观发展理论、微观分析发展理论、结构发展理论和激进主义经济发展理论。20世纪50年代初,发展经济学推崇工业化、唯资本化发展战略,认为农业在经济发展中的作用是依附和消极的;60年代,以舒尔茨为代表的发展经济学家对农业在工业化过程中的重要性开始有所认识;80年代发展经济学研究由微观领域转向宏观领域。张培刚从发展经济学的视角系统地论述了中国农业与工业化进程①。

(1)平衡发展理论

平衡发展理论是以哈罗德—多马新古典经济增长模型为理论基础发展起来的,其中有两个代表性理论:罗森斯坦—罗丹的大推进理论和纳克斯的平衡发展理论。平衡发展理论强调产业间和地区间的关联互补,主张生产力在各产业、各地区之间的均衡布局,以实现产业和区域经济协调发展。

(2)不平衡增长理论

基于很多发展中国家无法筹集到平衡发展资金的事实,学者们不得不考虑不平衡增长问题。赫希曼是不平衡增长理论的主要代表。他认为,发展中国家最弱之处在于各工业部门之间缺乏联系,而不单是缺乏资金,因而政府应集中投资于若干关键部门,发展这些主导部门以带动其他部门的发展。

不平衡增长理论强调经济部门或产业的不平衡发展,并强调关联效应和资源优

---

① 1945年,张培刚在其博士论文《农业与工业化》中所提出的"农业国工业化理论",亦即后来的发展经济学的主题理论,是张培刚发展经济学思想的核心和关键。详细分析了农业对工业化的五大贡献,并指出农业国或经济落后国家如何实现"工业化",论述了工业化的程序、阶段和速度,指出了基础设施和基础工业在工业化中的先导作用以及工业化的发动因素与限制因素(张培刚,2012)。

配置效应,认为发展中国家应集中有限的资源和资本,优先发展少数"主导部门"。不平衡增长理论的核心是关联效应,即各产业部门客观存在的相互影响、相互依存的关联度。因此,优先投资和发展的产业是关联效应最大的产业,凡有关联效应的产业,不管是前向联系产业(指制造品或最终产品生产部门)还是后向联系产业(指农产品、初级产品生产部门),都能通过该产业的扩张和优先增长,逐步扩大对其他相关产业的投资,带动后增长。不平衡发展理论遵循了经济非均衡发展的规律,突出了重点产业和重点地区,有利于提高资源配置效率。

本书所谈的北京通用航空产业基地,位于北京远郊区县——平谷区,是一个以农业为主导的区县,在北京市处于相对落后的区县,因此,该区发展通用航空产业,将有限的资源和资本优先发展高端装备制造业和高端的生产性服务业,通过这种不平衡的增长来带动区域经济的全面发展,遵循了经济非均衡发展的规律。

2.2 投融资理论研究

(1)马克思主义经济学融资理论

马克思主义经济学的融资思想,主要散见于马克思的经济巨著《资本论》,马克思对投融资理论有不少的阐述和研究,他的融资理论主要通过其资本积累的理论、借贷资本理论和股份经济理论等表达出来,对资金筹集在扩大生产规模、提高生产效率、增加资本有机构成等方面,均有深刻的认识和见解。

(2)西方主流经济学融资理论

西方经济学理论认为融资是资本主义生产中的一种普遍现象,是西方经济发展的物质基础和资金动力,关于融资的形成主要有以下几种观点:货币闲置论、货币分配不均论、价格(利率)差异论、企业创新论。1952年,美国经济学家大卫·杜兰特将传统的融资理论分为三种:净收入理论、营业净收入理论和传统理论。后来,随着时间的推移和融资结构理论的发展,又出现了发展中的融资结构理论,主要指以下五种理论:MM理论和米勒理论、权衡理论、激励理论、不对称信息理论和控制理论[①]。

本书所谈的北京通航产业基地建设的投融资研究,在投资主体、投资建设的内容、

---

① 第一,MM模型和米勒模型是当前被称为最有影响的融资结构理论,由美国经济学家莫迪利亚尼和米勒创建的,在完善的市场中,企业资本结构与企业的市场价值有关,或者说企业选择怎样的融资方式均不会影响企业的市场价值。第二,权衡理论也称"平衡理论",该理论认为陷入财务亏空概率上升的给企业带来了额外成本,使其市场价值下降,因此企业最佳的资本融资结构是平衡节税利益和因陷入财务亏空概率的上升而导致的各种成本权衡的结果。第三,激励理论认为,融资结构会影响经营者的工作努力水平和其他行为选择,从而影响企业未来现金收入和企业市场价值。第四,不对称信息理论,在不对称信息环境下,企业发行债券还是股票的融资决策,将投资者提供评价企业经营状况的信号,他们将据此选择投资方式。第五,控制理论。经营管理人员占有的公司股份越多,其控制能力也就越强。由于经营管理人员对控制本身的偏好,他们就会通过融资结构来影响控制权的分配从而影响企业的市场价值(唐涌,2010)。

规模和金额都确定后,重点研究的方向还是融资模式的设计,在上述相关理论的指导下,设计更符合融资主体利益需要的融资方式显得尤为关键。

2.3 关于产业园区开发投融资模式研究

(1)土地开发性质

黄丽(2012)认为,园区开发项目具有一定的公益性,园区开发企业也不以追求土地开发收益为主要目的。园区开发项目本身产生的收益能覆盖成本,不同于一般纯公益性的城市基础设施项目。园区开发不能视为房地产行业,也不能简单视为地方政府投融资平台项目和普通的土地储备中心土地一级开发,而是具有一定政策性、公益性但自身有相应收益并具有明确产业导向性的一级土地开发和招商活动。汪宇明(2003)指出,工业园区的土地开发机制比较灵活。为了培育工业园区的经济发展活力和潜力,政府一般实行土地开发补贴。补贴有两种形式,一种来自政府预算,另一种是采取市场经济机制下的政府保护价形式,政府在补贴土地开发的同时,重视通过市场化运作降低土地开发的成本。

(2)银行贷款模式与融资时间规划

土地一级开发的融资渠道有很多,大体可以分为几类:一是财政资金,包括政府的财政拨款、财政贷款、转移支付的土地出让收入或收益等;二是政策性银行的信贷资金;三是商业性金融机构的信贷资金;四是开发单位自有资金;五是外资、其他企业、事业单位和城乡居民的资金[①]。钱文莺(2011)认为,土地一级开发银行贷款具体可细分为四种模式:第一种模式是土地储备机构直接安排融资,并承担融资安排中的责任和义务的模式;第二种模式是一级开发主体直接融资,而土地储备机构本身或委托其他担保机构承担担保责任的融资模式;第三种模式是一级开发主体自行安排融资并承担融资安排中的责任和义务模式;第四种模式是一级开发主体专门成立项目公司,由项目公司直接进行融资而由一级开发主体提供担保责任的融资模式[②]。

[①] 在目前的土地一级开发中,财政资金占有的比重很小,随着政府对土地储备和土地一级开发的关注,这部分资金的总量及其在全部资金来源中的比重,有较大增加空间。但这取决于政府的相关政策。政策性银行的信贷资金,目前在全部资金来源中占较小的比重,这部分资金也有很大的增长空间,但这取决于政府及土地储备机构的运作力度。商业银行和其他金融机构的信贷资金,目前在全部资金来源中占有最大比重,但由于宏观环境的紧缩和土地一级开发本身的特点,其总量和比重都会逐渐下降;开发企业自有资金,目前在全部资金来源中占有一定的比重,随着土地储备机构对开发企业自有资金比例要求的提高,其总量和比重会略有上升,但空间有限;外资、其他企业、事业单位和城乡居民个人资金,目前占有比重很小(北京京投土地项目管理咨询股份有限公司,2006)。

[②] 钱文莺(2011)认为在土地开发的不同阶段,要采取不同的融资方式,以实现融资成本最下化。具体而言:在准备阶段建议主要采取财政拨款、发行债券、信托、租赁和吸收直接投资等融资方式;在前期阶段主要采取中长期信用贷款、信托等融资方式;在中后期阶段主要采取中短期信用或抵押贷款、商业信用等融资方式;在项目完成后采取短期信用或抵押贷款、商业信用等融资方式。

(3) 土地一级开发的 BT 模式

马哲晓(2010)认为土地一级开发不适宜用建设-经营-转让(build-operate-transfer,BOT)模式,而适合于用 BOT 的编选模式——BT 模式。BT 模式是指项目投资者成立土地一级开发的项目公司,负责项目的融资、建设并承担风险,项目的所属机构为项目建设提供特许协议权,项目建设完成后由项目所属机构分期回购的融资模式。实际上是土地一级开发中的"政府按揭"行为。一个 BT 项目的成功运作需要多方的共同参与及紧密配合,通常情况下,BT 项目中包括六个方面的主要参与者:发起方、投资方、项目公司、建设方、回购方与回购担保方。

(4) 多元化的融资模式

秦灿灿(2009)指出,机场商业利益的丰厚和政府投资力量的不足,导致了越来越多的国家在探讨机场融资渠道的多样化。顾承东等(2009)认为,当今各国机场融资方式及所有制正向多元化转变,吸纳民间资金,引入商业化管理机制,走民营化道路将成为今后的发展趋势。机场从政府所有、政府经营到最终全部私有化,随着经营管理模式的社会化发展,融资模式也从比较单一的模式逐渐向多元化的方向发展。社会化发展成为了机场融资多元化的重要基础,使融资多元化的实现成为可能。宋春云(2010)认为,工业园区的土地一级开发应加大对直接融资的力度,如发行企业债券和发行股票,并建议尝试使用新的低成本间接融资产品,如 BOT 模式、信托产品、内部委托贷款、资产证券化(ABS)等。

2.4 关于机场的投融资研究

(1) 国外机场投融资研究

英国"机场政策白皮书"(HMSO,1985)提出机场民营化问题,指出机场必须作为商业实体运营,机场政策必须支持引入民间资本以直接鼓励主要机场的企业化和高效运营。由此明确了对机场的定位是以营利为目的的企业,而非不以营利为目的的公共产品,机场建设融资以民间资本为主成为英国机场融资模式的最突出特点。英国机场的投融资特点:第一,以各种方式融入民间资本,大量出售大中型机场实现较彻底的民营化融资;第二,民营化的大型机场内、外源融资能力增强,政府保留必要的企业决策控制权;第三,英国政府对偏远机场给予该项目支出和运营补贴。

美国政府把公共机场定性为"不以营利为目的、为社会提供公益服务的公共产品,是城市基础设施"。因此,美国的机场多由政府财政投资建设,对于不同规模的机场采取不同的融资模式,大中型枢纽机场通常能够盈利,通过以机场债券融资为主要方式;非枢纽机场通常亏损,主要依赖于机场改进计划基金(属于政府)的运营补贴;小型枢纽机场的融资模式介于二者之间,除了发行机场债券之外,还需要机构改进计划的资助补贴①。

(2)关于私营企业参与机场投融资情况

Hooper(2002)通过研究中国、印度、马来西亚等亚洲国家私营部门参与机场新建及改扩建的情况,指出亚洲机场民营化进程滞后于世界其他地区,而与此同时,由于亚洲航空运输的快速发展,导致机场基础设施的建设不足。尽管这些地区都引入了私营企业参与机场的投融资建设,但亚洲政府都保留了绝对的控制权,虽然政府声明机场的运营要注重效率,但机场对政府的依赖程度依然偏高,民营化的效率可能大大降低。

(3)我国机场投融资体制及融资困境原因

刘明(2009)认为,我国目前的机场投融资体制正在改变过去以中央财政为主导的投融资体制,改由地方财政为主、中央财政撬动广泛吸纳社会民间和国外资本的投融资体制转变。机场行业属于资金密集型行业,存在着建设投资超前性、分阶段投入、建设周期长、建设投资数额大、周期性循环建设投入、投资回报率低、投资回收期长等特点,尤其是投资初期面临着资金需求大、债务负担重的较大风险,受建设资金严重不足的影响,机场只能通过银行贷款、发放债券来解决资金问题。另外,机场有一定的公共物品属性,有公益性特征,这样在收益性上较弱,也导致资金融资困难。

(4)资产证券化融资模式②

孔祥坡(2008)指出可以机场所属的资产为基础,以该项目的未来收益为保证,通过在国际资本市场发行高档债券来筹集资金,利用该市场信用等级高、债券安全性和流动性强、债券利率低的特点,可以大幅度降低发行债券筹集资金的成本。张峰琳(2009)认为,对于机场财务实力最严峻的考验就在于机场在与其他市政企业在债券市场中争取私人资本的竞争业绩如何。尽管财务实力较强的机场在债券市场中是最活跃的,甚至财务实力较弱的机场也能吸引私人资本,但是通常他们必须依赖地方政府的征税权力作为债券融资的保证。

(5)多元化的融资模式

李政(2011)认为我国机场的规模普遍较小,航空市场发展较快,机场建设的超前性导致机场资金需求庞大,单纯依靠一种融资渠道无法满足机场建设的需要,必须综合运用国家民航建设专项基金、地方政府财政预算资金、债券融资、上市融资、银行贷

---

① 美国拥有世界上最发达的航空运输体系,全国有超过3300个大小不同的机场,年旅客周转量和货邮吞吐量占世界总量的1/3,而且放松管制和天空开放都源自美国,但美国并没有像欧洲国家那样大规模出售国有机场,而是采取签订机场管理和运营合同,或者把不同的服务外包给不同服务商的方式引入民营管理。这样,虽然机场的所有权属于联邦或州政府,但机场的运营服务却是民营机构提供和管理的(顾承东等,2009)。

② 资产证券化是指将缺乏流动性但又能产生可预期的稳定现金流的资产汇集起来,通过一定的结构安排对资产中风险与收益要素进行分离与重组,再加以信用评级和增级后,将其转变成可以在金融市场上出售和流通证券的过程。资产证券化注重资产运作,是从信用融资的基础上发展起来的,其又称为"二级证券化"(马秀岩,2009)。

款等渠道资金。

2.5 园区内通航企业建设投融资研究

(1)园区风险投资基金模式[①]

严金海(2012)指出,园区中企业存在的融资问题,可以设立创投基金和风险基金解决融资难问题;第一,设立园区创业投资引导基金,并根据项目进展和资金需求逐步增加投入,引导社会资金对园区内科技企业进行放大投资;第二,设立金融风险基金,实施科技型中小企业融资银、政、企合作。针对科技型中小企业净资产较少、资产质量不高、抵押物和信用保证不足的问题,通过设立金融风险基金实施银、政、企合作,拓宽科技型中小企业融资渠道。在不良贷款2%控制范围内新增贷款发生风险的,可动用风险基金代偿。

(2)园区中小企业投资平台模式

成珊珊(2010)认为,目前针对企业开展的风险投资模式相对单一,处于低发展水平阶段,难以满足科技型中小企业创业的投融资需求,建议成立科技型中小企业投融资平台,开展知识产权质押融资、建立创业投资专项基金与引导基金和加大对研发创新的补贴力度等方式促进风险投资与科技型中小企业的对接,解决科技型中小企业融资问题。王立军(2007)认为投融资平台的建设要以培育风险投资机制为核心,不断拓宽高新技术产业的融资渠道,建立多形式的科技产业化的资本市场体系[②]。

[①] 朱团钦(2003)指出,风险投资基金的主要投资对象是高新技术中小型初创企业。风险投资基金具有为高新技术企业创业者提供资金、分担创业风险、共同经营管理等功能,是支持高新技术产业发展的重要工具。

[②] 王立军(2007)还指出,要扩大民间资本、商业银行投资高新技术企业的渠道,鼓励民间资本、商业银行直接投资高新技术企业;要建立中小科技企业贷款担保制度,解决中小科技企业贷款难的问题;要健全技术产权交易市场,鼓励科技人员转让技术成果或以技术入股,加速技术与资本的结合。

第3章 我国通用航空市场需求分析

3.1 公务飞行市场需求分析

北京作为中国首都,作为国际交往中心,是世界各国政要进出中国的第一城市;同时北京是中国经济最发达城市之一,拥有全国最多的世界500强总部,因此,北京市对公务与通用航空运营服务有着巨大的需求。本书重点以北京为例分析公务飞行市场需求。

截至2016年年底,全国投入运营的通用机场有74家,其中北京地区4家,目前全国尚无专门运营公务飞行的通用机场。截至2017年4月,华北地区有以公务飞行为主要经营业务的通用航空公司3家,批准筹建的有18家,2017年提交的公务机购机/租赁申请达19架,发展势头非常迅猛,市场需求非常旺盛。

北京首都机场近年来公务航空业务量以每年20%的速度递增,2011年公务机起降达7300架次。公务机在首都机场运营,占用首都机场高峰小时2个航班时刻,使首都机场饱和的航班时刻更加紧缺,同时也在一定程度上制约了公务机高效、便捷功能的充分发挥。而目前首都机场公务机过夜机坪的保障能力已近饱和,在一定程度上影响了公务航空的快速发展。首都国际机场航班时刻压力亟待缓解,北京市急需建设公务与通用航空运营的新航港。

根据2015年《财富》杂志评出的世界500强企业总部分布,北京拥有52家,仅次于东京,成为全球第二大世界500强总部之都,世界500强企业中,逾90%的企业使用公务飞行来提高管理效率,其中三分之二以上的企业拥有自己的公务机。以此计算,将有不少于30架的公务机购机需求来自这些大公司。

根据2012胡润财富报告,北京拥有亿万富翁10500人,占全国总数的16.5%,另据胡润财富报告调查结果,亿万富翁中13%的人计划在未来购买私人飞机。依次比例,北京有1365架私人飞机的购买需求,如果其中20%是公务机的购买需求,北京将有273架公务机的购买需求。

根据上面的推算,北京有303架公务机的购机需求,每架公务机按年均800飞行小时计算,总共飞行小时将达到约240000小时。2011年,首都机场拥有公务机55架,全年共起降7300架次。随着北京通用机场和公务飞行环境的改善,北京未来的公务机年起降架次将达到40000架次以上。

3.2 支线(通勤)市场需求分析

支线航空运输在国家或地区航空经济结构中扮演着重要的角色,支线航空运输与干线航空运输构成了国家或者地区航空运输网络的有机整体。在航空运输经济结构中,支线航空对于干线航空来说是一种运输结构的补充,并为干线运输经济的发展起到了相辅相成的作用。

由于受到航空运输发展历史原因以及我国经济发展结构和状况所致,我国的民航运输业起步晚,发展速度和规模远落后于西方国家。相对于西方发达国家而言,我国的支线航空运输结构存在诸多问题,如支线机场不完善、支线经济结构不合理、支线运营成本相对过高等现象,致使我国的航空支线运输未能充分发挥其应有的作用和效能。

如图3-1所示,根据回归法、德尔菲法、组合预测法等方法预测,2020年我国区域支线航空旅客吞吐量如下。

新疆维吾尔自治区:将达到630万人次;西北地区:将达到210万人次;华东地区:将达到520万人次;华北地区:将达到510万人次;西南地区:将达到950万人次;东北地区:将达到410万人次;中南地区:将达到6170万人次。

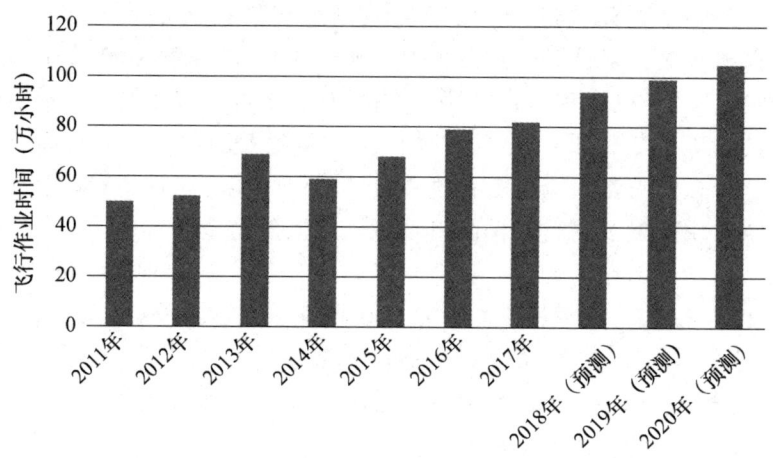

图3-1 2011—2020年我国通用航空飞行作业时间预测

3.3 通航作业市场需求分析

统计全国航空作业分布数据,2010年我国通用航空全行业完成作业飞行13.98万小时,比上年增长12.9%。图3-2为2010年我国通用航空飞行作业时间总量地区分布,前三位的地区分别是中南地区、华北地区、东北地区,分别为45.46%,18.48%,15.95%。

航空作业不但包括农林作业、航空摄影,还包括环境监察、吊装作业等,北京市总体航空作业飞行小时需求量在2000小时/年。由图3-3所示,2011年训练飞行完成作业372200小时;工业航空作业完成作业56682小时;其他航空作业完成40709小时;农林业航空作业完成33158小时。由图3-4所示,与上年相比,2010年通用航空培训、航空摄影、航空探矿、航空遥感、人工降水、航空护林、农林化飞行等项目作业时间均有增长;石油服务、空中拍照机农林播种项目作业时间量少量减少。

第 3 章 我国通用航空市场需求分析

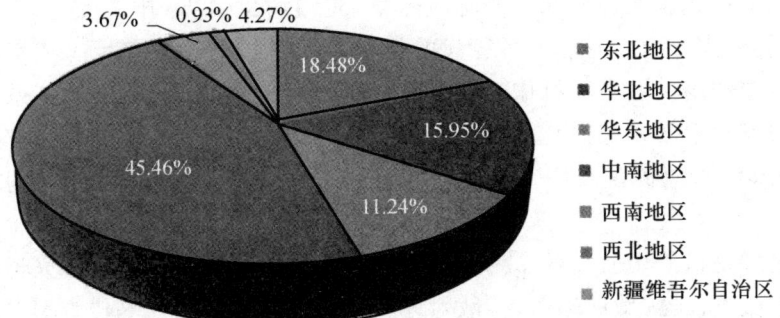

图 3-2 2010 年中国通用航空飞行作业时间量地区分布

（数据来源：《从统计看民航 2011》）

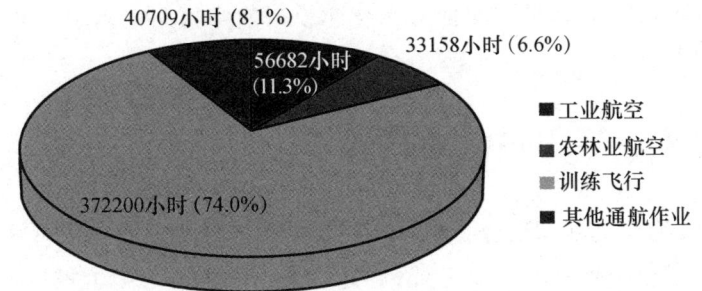

图 3-3 2011 年中国航空飞行作业时间分布

（数据来源：中国民用航空局通用航空处）

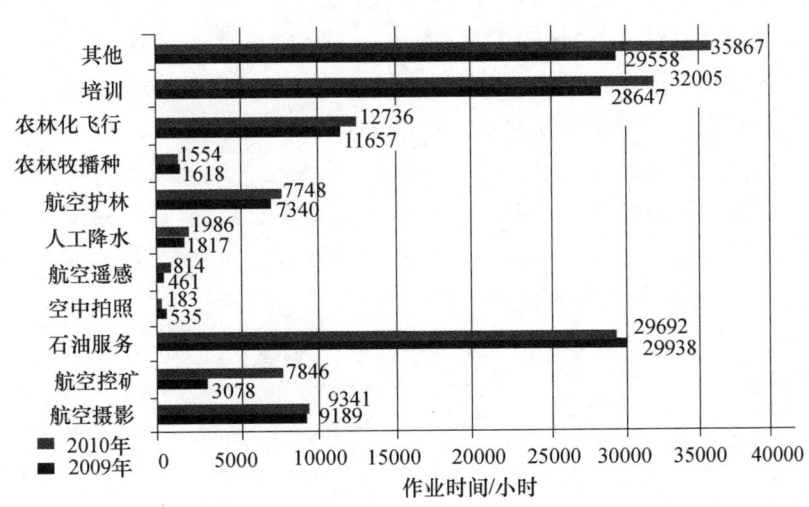

图 3-4 2010 年、2009 年中国通用航空各项目作业时间

（数据来源：《从统计看民航 2011》）

农林航空在我国大面积农作物施药除草、防治病虫鼠害、扑灭飞蝗、人工降水、飞播造林、护林防火等方面有着不可替代的作用;在植树造林、改善生态环境、发展旅游中也有着重要作用。农林飞机作业效率高、效果好,而且灵活,社会经济效益显著,代表着未来农业技术的发展方向。北京全市面积为16410平方千米,其中森林面积为5628平方千米、耕地覆盖面积为2321平方千米。北京每年农林飞行的需求量在1000小时左右。

航空摄影是指使用航空器作为运载工具,通过搭载航空摄影仪、多光谱扫描仪、成像光谱仪和微波仪器(微波辐射计、散射计、合成孔径侧视雷达)等传感器对地观测,获取地表反射、辐射和散射电磁波特性信息的方法。北京对航空摄影的需求主要体现在以下几方面:一是电子政务对航空摄影的需求;二是环境保护对航空摄影的需求;三是基础设施建设对航空摄影的需求;四是生产力布局对航空摄影的需求;五是城镇化发展对航空摄影的需求;六是北京市的数字化建设对航空摄影的需求。北京航空摄影的需求为500小时/年。

3.4 航空快递市场需求分析

从顺义空港物流基地调研分析得知,目前物流基地的主要物流业务是航空快递,因此,在考虑平谷航空产业基地物流业务的发展时,我们重点研究航空快递市场。

3.4.1 航空快递独特性分析

航空快递自诞生之日起就强调快速的服务,速度被称为这个行业的生存之本。到目前为止,飞机还是最快捷的运输工具(表3-1,图3-5)。常见的喷气式飞机的巡航速度大都为900～1000千米/小时。快捷的交通工具大大缩短了货物的在途时间,并降低了货物在途风险。对于那些易腐烂、变质的鲜活产品,时效性、季节性强的报刊、节令性商品,抢险、救急品的运输,这一特点显得尤为突出。因此,许多贵重物品、精密仪器也往往采用航空运输的形式。而当今国际市场竞争激烈,航空运输所提供的快速服务也使供货商可以对国内外市场瞬息万变的行情做出快速反应,快速推出适合的产品占领市场,以获得较好的经济效益。

表3-1 各种运输方式的运输速度

运输方式	河运	海运	公路	铁路	航空
速度(千米/小时)	14	27	100	140	850

航空物流运输可以利用天空这一自然通道,突破地域和地理条件的限制,穿梭于各个国家、大洋之间,并且对于地面条件比较恶劣、交通不便的内陆地区非常合适,有利于当地资源的出口,可以促进当地经济的发展。

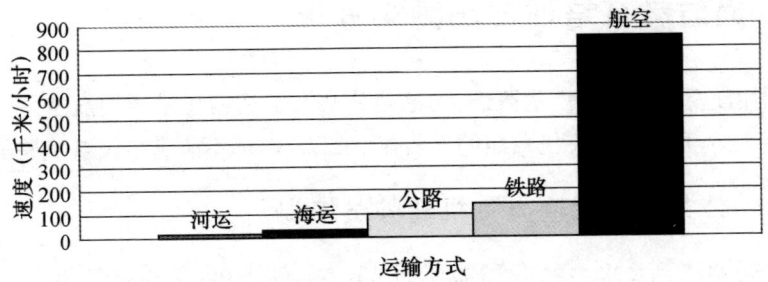

图 3-5 各类运输方式运输速度比较

对于安全性的要求,由于航空快递主要经过空中运输,没有地面运输受到的阻碍多,自由快捷,对货物的保护更加妥当,特别是客户的高价值文件和包裹。随着现在航空快递公司规范化的管理,货物的破损率较低,所以安全性、可靠性相对其他运输方式更好。

3.4.2 我国航空快速市场预测

在我国发展航空快递还是有着巨大的潜力。根据近几年航空快递发展历史数据做相关的市场回归分析,预测到 2020 年,我国机场快递运输量在 2925.3 万吨,年增长率在 10% 左右;快递公司运送 62.5 亿件,年增长 17%;快递业产值在 1500 亿元,年增长 14%。

表 3-2 我国航空快递业务发展预测

年份	时间序号	民航机场货运量(单位:万吨)		快递公司业务量(单位:亿件)		快递公司营收(单位:亿元)	
		业务量	增长率	业务量	增长率	营业额	增长率
2013	1	561.3	3.0%	92	63.4%	808.4	40%
2014	2	594.1	5.9%	140	52.2%	1023.4	27%
2015	3	629.3	5.9%	207	47.9%	1424.2	39%
2016	4	668.0	6.2%	313	51.2%	1832.3	29%
2017	5	705.9	5.6%	401	28.1%	2542.3	39%
2018	6	748.3	6.0%	525	30.9%	3203.3	26%
2019	7	793.1	6.0%	700	33.3%	4036.2	26%
2020	8	840.7	6.0%	880	25.7%	5085.6	26%
平均增长速度			6%		42%		31%

3.5 通航教育培训市场需求分析

我国通用航空专业人员严重匮乏,无论是公共航空运输还是通用航空,这个问题都非常严重。2017年,我国拥有飞机驾照的人员仅1.2万人,远不能满足民航发展的需要。

3.5.1 公共航空运输类飞机驾驶员培训

波音公司预测到2025年,我国需要约2600架新飞机,平均每年增加150架以上。统计表明,每培养一个可以担任大型运输飞机副驾驶的费用大概在100万元人民币左右,而成为一名合格的机长所需的费用更高。如果我国民航运输机队每年以150余架的速度在增长,以每架飞机5个机组、每个机组2名飞行员的标准来计算,每年我国需净增飞行员18000名。如果按现在的副驾驶培训费用来计算,培训费用将达到180亿元人民币,平均每年15亿元人民币。

3.5.2 通用航空驾驶员培训

2017年,中国通用飞机已达2776架,通用航空企业380家,通用航空从业人员达2.5万多人。据预测,到2020年,我国通用航空飞机应在10000架以上,达到发展中国家的先进水平,市场价值达到几十亿美元,相应的飞行员需求达到35000人左右。以每人培训费25万元人民币计算,培训市场将达到87.5亿元人民币规模,年均8.8亿元人民币。

从以上分析可以看出,发展飞行培训学校将具有非常大的市场潜力。2020年前250亿元的飞行驾驶培训学校,以及由它带来的配套产业的发展,吸引了国内外很多投资者的关注。

目前,我国民航飞行驾照培训学校数量很少,中国民航飞行学院长期以来是民航飞行人员培训的中坚力量,其他近几年兴办的飞行驾校的培养能力有限。几家院校合作每年培养的飞行员不超过1000名。航空公司不得不采取自办、合作办学等模式解决飞行员供不应求的问题。

总之,飞行驾照培训不仅能创造商业价值,而且能解决行业发展的人才瓶颈问题,解决长期以来公共航空运输和通用航空比例倒挂的不正常现象,从而推动民航业的可持续发展。

3.5.3 私人飞行

前述通用航空机队增长的预测中,私人飞机占了较大的比重。据预测,2011—2020年,交付至中国的私人飞机数量将达到960架。2021—2030年,该数量将达到1400架。另据专业机构预测,中国私人飞机的潜在客户将超过15万人。随着低空空域改革的深化,将为我国的通用飞机尤其是私人飞机提供巨大的市场空间。私人飞机的培训量将剧增。

3.6 飞机购买市场需求分析

3.6.1 公务机市场需求分析

根据民航局相关数据,2011年,全国注册的公务机数量为132架,预计到"十二五"末,中国的公务机数量将达到260架以上;至2020年,我国公务机将达到1000架(表3-3)。

另据庞巴迪公司预测,未来20年,中国将接收2360架公务机。

表3-3 全国机场公务机市场需求预测

年份	年飞机数量	年均增长率	年飞行小时数	每机年飞行架次	年运行架次
2011年	132		22000	83	11000
2015年	260	18.5%	43333	83	21667
2020年	1000	30.9%	166667	83	83333
2030年	2360	9.0%	393333	83	196667

3.6.2 支线客机市场需求分析

支线客机(regional aircraft)通常是指100座以下的小型客机,一般设计座位为35~100座。主要用于承担局部地区短距离、小城市之间、大城市与小城市之间的旅客运输。支线航空是航空运输业的一个重要的组成部分。与主干线航班相对而言,支线航班单程航行距离较短。

鉴于中国的航空市场及经济的迅速发展,巴西航空预测未来20年中国市场共需要950架新的支线喷气式飞机,其中30~60座级20架,61~90座级425架,91~120座级505架。

中航工业也得出类似结论。预计到2029年,中国的民用客机机队规模将达到4724架,货机机队达到579架,其中需要新增民用客机4265架,其中大型喷气客机3371架,支线飞机894架。

表3-4 中国未来10年航空公司需求的支线飞机数量预测

座级	2013—2014年	2015—2019年	2020—2024年	合计
70/90座级	30	145	177	352
50座级	20	80	100	200
合计	50	225	227	552

根据中航工业研究中心预测,未来中国支线客机年增速在11%左右,至2015年中国对支线客机的需求在898架左右。

表3-5 中国未来支线客机市场需求预测

座级	2005年机队	2025年机队
70/90座级 (61～100座)	13	439
50座级 (40～60座)	35	305
20/30座级 (≤39座)	29	154
支线飞机合计	77	898

3.6.3 直升机市场需求分析

中国目前直升机数量只有300架左右,如果与世界平均水平进行测算,中国现有民用直升机应该为5974架,而据欧洲直升机公司预测,到2015年,中国直升机保有量将提升至500架,到2020年,这一数值将提高至1000架。2013—2017年,中国民用和公用直升机市场总额将达到25亿欧元。

综上所述,中国未来对飞机市场需求非常旺盛。

3.7 飞机维修与改装市场需求分析

3.7.1 飞机维修市场需求分析

中国民用航空总局于1988年颁布实施的《民用航空器的维修单位》合格审定规定CCAR-145部第3条对航空维修的解释如下:指对民用航空器(以下简称航空器)或者民用航空部件(以下简称航空器部件)所进行的任何检测、修理、排故、定期检修、翻修和改装工作。

航空维修(MRO)行业是资本密集型的行业,航空维修具有极强的专业性质,受到各国民航管理部门监管,采取较为严格的许可证管理制度,因此航空维修行业具有以下特性。

对资本要求高。航空维修是专业性极强的高精尖技术,仅靠人工是无法进行的,飞机的每一个部件的维修,均需要有专用设备进行检测,而航空检测设备精密、复杂、价格高,同时维修单位还应具备符合要求的工作环境,以及厂房、办公、培训,同时对存储设施要求也非常高。没有雄厚的资本实力,无法进入航空维修市场,更无法形成规模效益。

行业技术壁垒高。航空维修涉及的技术科学门类多,涉及数学、力学、热学、电子学、信息学、计算机学、材料学、光学、声音学等诸多科学和理论,专业分工细。同时航空维修行业集中反映了现代科学新技术,技术更新速度快,因而从事航空维修行业有较高的技术壁垒。

实行严格的行业许可制度。航空维修行业实行严格的许可证管理制度,要求航空维修企业应具备符合维修要求的厂房设施,检测维修工具以及设备、器材、维修管理人员,适航性资料等必备文件,还要求建立质量管理系统、工程技术系统、生产控制系统、全员培训系统,民航适航监管部门对项目实行逐项审查。各国民航适航管理部门负责管理该项工作,并在航空维修企业整个经营期间实行监督管理。对开展国外注册飞机的维修,通常要通过美国联邦航空局或欧洲航空安全局的资格审查。在获取认证后,即可开拓市场,不受原制造厂商限制。

对维修人员的知识和技能要求高。对航空维修人员的素质要求较高,从业人员通常都需要经过长期的培训,除基本专业训练外,不同机型还需要进行不同的训练,且需要定期重复施训。同时只有取得《民用航空维修人员制造管理规则》规定的执照、合格证书后方可上岗作业。因此,这就要求航空维修人员具备较高技术水平和操作技能,以及娴熟的外语技能等综合素质。目前培训一名合格优秀的专业航空维修人员至少需要3~5年。

北京市拥有1000架以上私人飞机的购买需求,大量私人飞机和公务机将给北京地区带来巨大的飞机维修的市场。

3.7.2 飞机改装与装修市场需求分析

飞机装修主要包括飞机的外部装修和内部装修。外部主要针对飞机机身、飞机机窗等部位进行装修。内部主要针对音像效果、座椅皮革、灯光、仪表板等的装修。随着国民经济水平的进一步提升和国家政策的逐步放宽,未来通用航空市场不可小觑,特别是公务机和私人飞机市场。据通用航空专家委员会预测,到2020年我国需要各类通航飞机10260架,而公务机和私人飞机可能达到5500架。而拥有公务机和私人飞机的绝大多数都是国内大型企业或名人明星,因此,他们对于飞机不仅要求行得快捷方便,更要行得漂亮。因此,对于飞机的装修就成了必不可少的一个环节。目前,飞机装修在国内仍处于刚刚起步阶段。厦门太古是国内唯一的一家飞机装修机构,也是亚洲唯一一家经过空中客车和波音公司双重认证的私人飞机整装中心。所有飞机的内饰材料基本从国外进口,而公务机装饰、翻新工作仍是空白,这无疑是一个巨大的市场和商机。

另外,客机改货机市场在国内前景光明。近年来,随着我国民用航空运输业的飞速发展,我国航空运输市场结构开始发生明显的变化,客运市场趋缓而货运市场增长强劲,把航空货运作为民航新的增长点已经成为共识。同时,随着民航的发展,一些老旧飞机已不适于客运的要求,如何处置这些老旧飞机,盘活和充分利用这些资产,是目前国内各航空公司已经或即将面临的课题。

在过去传统的航空货运业,航空运输企业通常直接选择购置全新货机,因为购置的全新货机可以直接投入运营,比较方便,而且全新货机由于故障发生率低,其签派可靠性也较高。但客改货飞机在经济适用性方面却明显高于全新货机,这是因为改装费用远低于购置新飞机费用,从而大大降低了进入门槛和障碍,使一些航空运输企业只需要付出较低的初始改装费用便可从航空客运领域快速渗透到航空货运领域。通过改装,一方面可以使飞机寿命得到中期改进,延长飞机使用年限,提高飞机使用率;另一方面,还可以从改装后延长的寿命期内获得潜在的经济收益。

从长远看,全球机队组成在今后20年将会发生变化,因为有许多机队的客机达到载客服务的寿命,飞机制造商预测,在今后将会出现客机改货机的业务高潮。据预测,到2019年,全球将需要3092架货机,其中1153架用于取代退役的飞机,新增1939架飞机,新增飞机中有703架为全新的货机,价值960亿美元,其中610亿美元用于购置超大型运输机,210亿美元用于购置50~80吨的飞机,另有140亿美元用于购置中小型货机(包括30吨或30~50吨)。在预测期内将有2389架客机改为货机,会带来170亿美元的业务。到2019年,将会有95%的小货机来自客改货的飞机更新,小货机运力将以每年3.8%的速度递增,运力增至26277吨。因此,有很强的客改货市场。

目前,国内能够进行客机改货机的公司并不多,只有厦门太古飞机工程有限公司可以胜任。波音在这个公司也占据9.09%的股份。因此,进入客改货市场竞争者相对较少。

第4章 北京通用航空产业基地投融资现状及问题分析

4.1 北京通用航空产业基地基本情况介绍

4.1.1 基本概况

北京现有6个通用机场,有中航工业、航天科工、航天科技等公司总部,另有北京航空航天大学、民航干部管理学院等科研院所,发展通用航空具有很好的基础设施支撑以及研发和人才条件,因此,北京正积极利用通用航空机场发展通用航空产业基地,打造通用航空产业的集聚区,有利于拉动内需、扩大就业,培育新型的战略性支柱产业,也有利于为完善综合交通运输体系,提升北京的交通运输能力,对建设世界城市、建设小康社会和加快推进社会主义现代化建设都具有十分重要的战略意义。

2012年北京市挂牌成立北京通用航空产业基地(位于平谷区金海湖镇),但由于产业基地投资额度大、建设项目复杂、建设主体不确定以及空域制约等原因导致产业基地建设过程比较缓慢,本书从实际出发,对北京通用航空产业基地建设的投融资模式开展研究,旨在指导北京通用航空产业基地的建设,并对中国其他省市通用航空产业基地的建设提供投融资借鉴。

北京通用航空产业基地(下面简称"北京通航基地"或"基地")位于北京市平谷区,距北京首都国际机场50千米,距北京市区55千米,距北京大兴国际机场100千米,距天津市区100千米,距天津新港120千米。基地总占地面积为10平方千米,其中核心区为6平方千米,配套储备区为4平方千米(图4-1)。

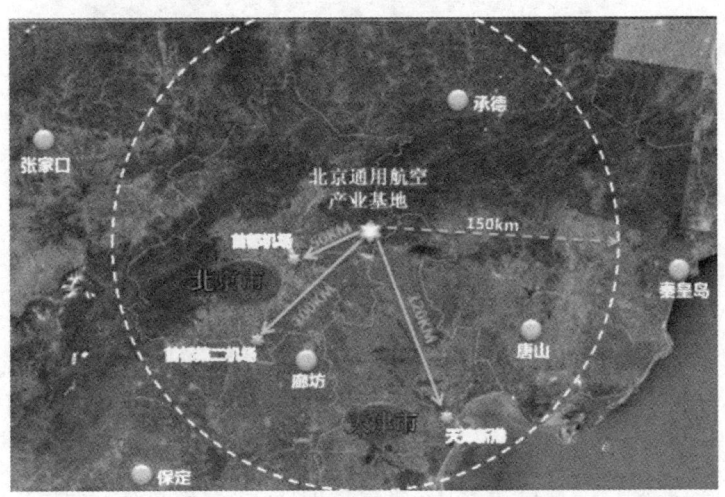

图4-1 北京通用航空产业基地区位

作为北京空港新城和天津航空城交叉辐射区域的关键节点,北京通用航空产业基地是连接首都机场和天津新港最短海空物流通道的中心,也是环渤海经济圈的重要节点和经济枢纽。

基地周边交通便捷。密三路(S204)、昌金路(S330)、平蓟路(S314)等区域交通干线从基地周边通过。京平、蓟津高速从基地南侧 5 千米处穿过,该交通干线将顺义空港、马坊陆港、天津航空城及天津新港——串联。立足陆港,串联空港、海港,北京通航基地具有得天独厚的通关和物流优势。此外,北京地铁平谷线预计 2022 年开通,将基地与北京市中心城区紧密相连,从北京市区到达基地只需 30 分钟。

4.1.2 基地空间布局

基地总体空间布局为"一心七区"(图 4-2)。

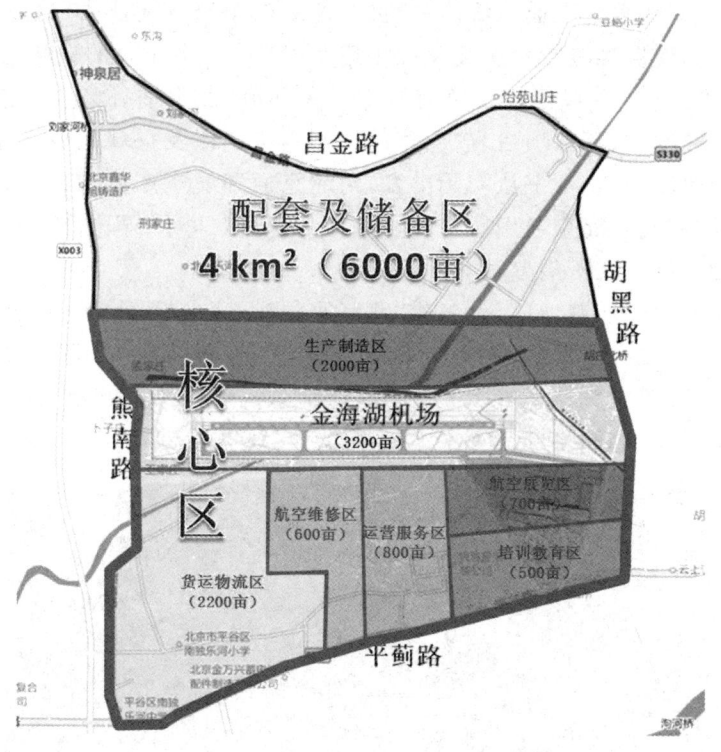

图 4-2 基地"一心七区"的空间布局

"一心",即通用航空机场,是基地乃至更大区域产业聚集的核心,占地面积 3200 亩①。

"七区",即北京通用航空产业基地内部的七个产业功能区,分别为:生产制造区、运营服务区、航空物流区、航空维修区、教育培训区、航空展览区、科研与生活综合配套及储备区。上述"七区"土地需求合计达 12800 亩(约 8.5 平方千米,占基地总面积的

---

① 1 亩≈666.67 平方米,下同。

79%),加上通用机场占地面积 3200 亩,基地总占地面积 16000 亩。基地各区域用地面积需求如表 4-1 所示。

表 4-1 基地各功能区的用地需求

基地主要功能区名称	用地面积(亩)
通用机场	3200
生产制造区(含储备区)	6900
运营服务区(含机坪)	800
航空物流区(含机坪)	2200
航空维修区(含机库)	600
教育培训区	500
航空展览区	700
科研与生活综合配套	1100
合计	16000

4.1.3 基地主要功能区概况

(1)通用航空机场

通用机场按照一类通用机场标准进行建设,跑道等级为 2B～3C,机场成为基地通航运营服务载体、航空器改装制造载体。

通用航空机场在原有金海湖机场基础上进行改扩建,涉及 2 个乡镇(金海湖镇、南独乐河流镇),4 个行政村(胡庄村、新农村、南独乐河村、新立村),共 153 公顷土地(图 4-3)。

通用航空机场除了跑道的建设外,还包括停机坪、机库、塔台、救援中心、登机坪、候机楼等机场配套建设内容。

(2)生产制造区

北京通用航空产业基地生产制造区分为技术研发区、整机制造区、材料加工区、座椅内饰生产区、发动机制造区、机载设备生产区、零部件及其他配套生产区等部分。

生产制造区的重点项目主要有:中俄直升机改装项目、欧直直升机改装项目、公务机改装项目、新舟 60 支线飞机改装项目、欧宇航 ATR 支线客机改装等。

(3)航空物流区

航空物流区规划占地面积 2200 亩。园区在空间布局上主要包括以下内容:国际货站、国际快件海关监管中心、国内货运区、报税仓库、多功能报税仓库、国内货运村、联检综合楼、报税加工贸易区等。

航空物流区与平谷现有陆港相结合,融合空陆联运、陆运仓储、配送、陆运集配等

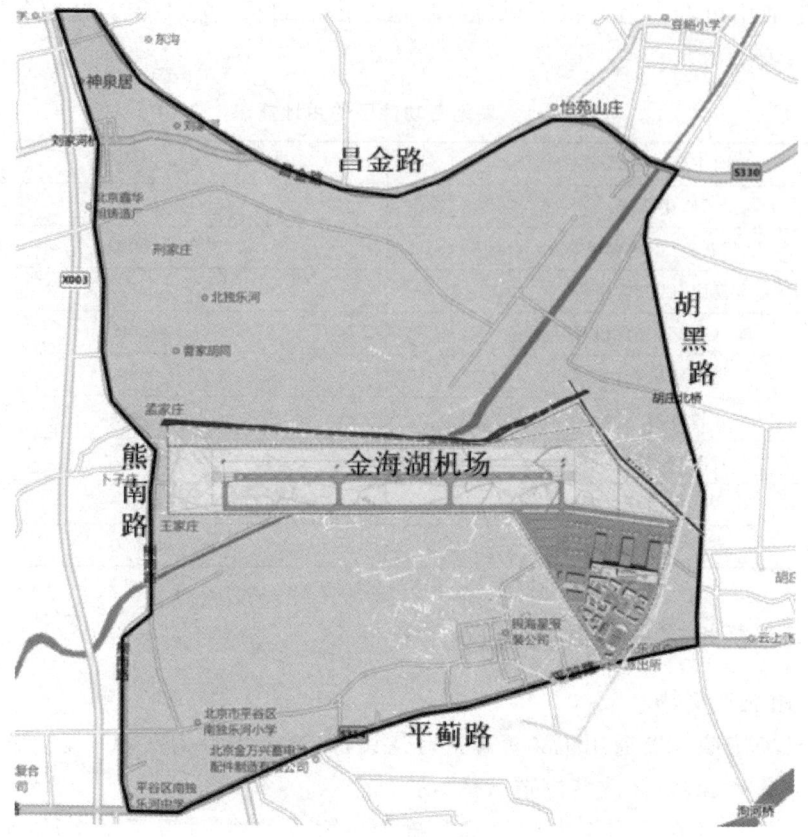

图 4-3　通用航空机场在基地中的位置图

综合物流业务,建成北京东北部地区特色的航空货物集散和分拨中心,打造成京津冀综合物流枢纽。

(4)航空运营服务区

主要为各航空公司服务,开展公务航空、通勤航空与通航作业提供办公支撑。

(5)航空展览区

主要设置飞机展销交易中心项目,作为北京航展举办的主要承办地,作为基地举办中国国际通用航空博览会举办地,力争打造为亚洲最大的飞机展销交易中心。

(6)航空维修区

为公务机、支线客机、直升机相关机型提供维修,打造中国重要的飞机维修基地。

(7)航空教育培训区

建立通航教育培训学校,开展飞行员、通航管理人才、技能人才培训项目。

(8)科研与生活综合配套及储备区

主要包括科研区、住宅区、商务区,为通航基地工作人员提供生活居住服务,并预留适度规模的未来发展用地。

4.2 北京通用航空产业基地投资建设内容及融资现状分析

4.2.1 基地总投资匡算

表 4-2 基地投资匡算表

类别	主要项目	占地面积（亩）	投资强度与测算标准	投资合计（亿元）
土地一级开发	基地征地拆建与配套基础设施建设	16000	60 万元/亩（五通一平、耕地补偿、回迁房建设等费用）	96
通用机场建设	飞行区、航站楼、导航、通讯、应急等设施	3200	1800 米×45 米跑道，飞行区投资 4.3 亿元，航站楼配楼投资 5000 万元	5.3
产业与配套功能区开发建设	科技生活居住区	1100	按容积率 1.0 算，合建筑面积 72.6 万平方米，按 5000 元/平方米建安成本算	36.3
	货运物流区	2200	250 万元/亩	55
	航空维修区	600	250 万元/亩	15
	运营服务区	800	250 万元/亩	20
	教育培训区	500	250 万元/亩	12.5
	航空展览区	700	250 万元/亩	17.5
	生产制造区	6900	300 万元/亩	207
合计		16000		464.6

4.2.2 基地总投资匡算说明

对基地投资测算，分为三大板块：一是基地整体的土地一级开发测算，二是通用机场投资测算，三是主体功能区或产业项目的投资测算。

（1）土地一级开发投资测算

根据基地周边 2012 年开发情况，在访谈当地政府部门和开发商后，得出每亩的综合投资约为 60 万元，包含对耕地补偿、土地平整以及五通一平的基础设施建设，居民补偿以及回迁房建设投资等。

（2）通用机场投资测算

主要是引用相关机构给该机场编写的项目建议书进行的测算。

（3）主体功能区的投资测算

考虑到各功能区产业项目比较多，而且当期建设中不可能全面罗列进去，因此，在考虑主体功能区投资测算时不是一个个项目的投资额度累加，而是根据北京市和平谷区同类型项目的投资强度进行综合测算。其中，货运物流区、航空维修区、运营服务区、培训教育区、航空展览区每亩的投资强度均为250万元/亩左右,航空制造区的投资强度为300万元/亩左右;科技生活居住区,考虑到机场限高要求,通用机场周边的建筑不适宜太高,其中低层独栋别墅区的容积率在0.5以下,联排别墅可以做到0.8～1.0,多层住宅区(限高18米)为1.0～1.5,按综合容积率1.0算,合建筑面积72.6万平方米,按5000元/平方米建安成本算,则投资额度为36.3亿元。

综合以上三大项,则基地总投资约为464.6亿元。

4.2.3 基地投融资现状介绍

(1)投融资主体情况

明确项目建设投资主体、融资主体,是探讨投融资问题和提出投融资解决方案的前提,因此,本书在论述投融资模式时,先简要交代各类别项目的投融资主体。目前基地已成立管理委员会,作为政府行政单位,负责整个园区的开发建设、招商引资和运营管理等事项。管委会下成立一家专门的投资公司——北京谷龙国际航空投资有限公司(以下简称谷龙国际),初始注册资本金为2亿元,为平谷区全资国有公司,主要负责园区相关产业项目孵化和投资工作,目前谷龙国际联合其他投资公司已创建北京通用航空产业基地开发建设股份有限公司(以下简称通航基地开发公司),初始资本金3亿元。在政府授权下,目前基地土地一级开发的主体是通航基地开发公司,机场建设的主体也是通航基地开发公司。其他功能区项目,如飞机制造、飞机维修、航空物流、航空培训等项目,投融资主体由具体的项目公司负责建设(图4-4)。

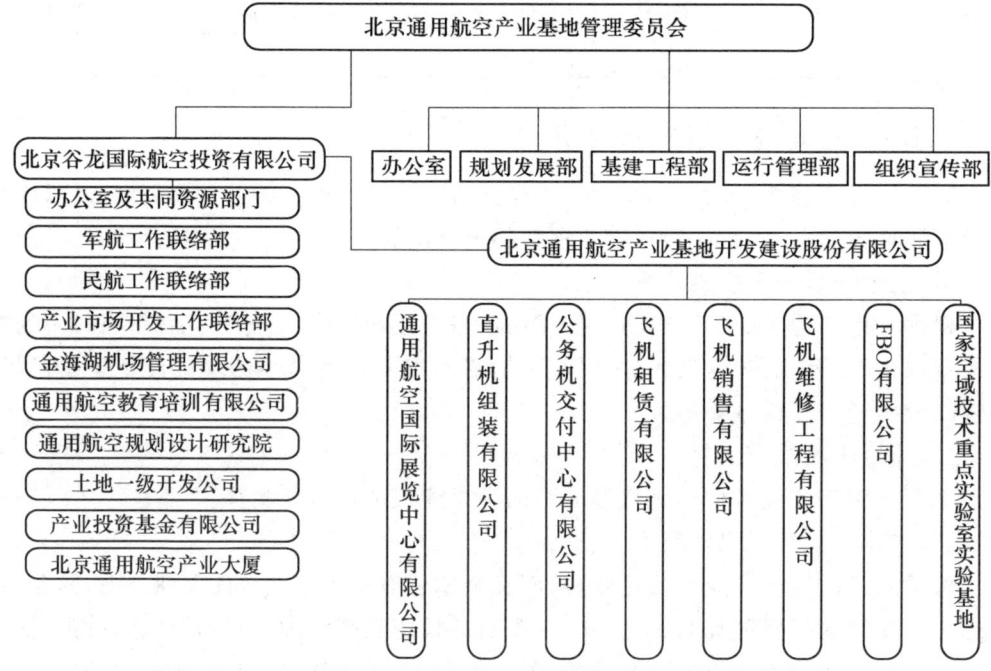

图4-4 北京通用航空产业基地投资建设与运营管理机构图

(2)投融资现状

"十二五"期间,整个基地暂处于前期阶段,正办理有关基地规划、土地、环评和立项手续,招商项目也在陆续谈判和洽谈中,基地建设尚处于起步阶段,投融资活动也都处于起步阶段。

4.3 基地投融资困难及成因分析

4.3.1 基地投融资困难的主要表现

(1)财政全额投资较为困难

如基地里面的通用机场属于基础设施项目,原则上有政府投资建设,但以2012年的平谷区财政收入来看(2012年,平谷区一般预算财政收入为21.0亿元),地方政府能提供的建设资金只有1亿元左右,机场建设资金还存有很大缺口,远远不能满足机场建设的需要。

(2)银行贷款受限

如基地的土地一级开发,按照国家贷款政策,银行贷款期限只有2年,而一般土地一级开发的周期是3~5年,那就是说,土地还没有上市交易、还没有收入时就得还清贷款,对于开发商来说自然压力很大。另外,即使银行给予贷款,而这种大额贷款,一家银行由于受集中度的影响,一般也不能在一家银行贷款,需要组织银团贷款,而银团贷款又无疑增加了企业融资的不确定性和融资谈判成本。

(3)融资方式受限

如基地的土地一级开发采取传统 BOT 模式就不大实用,BOT 模式(建设—经营—移交)是政府投资项目最常见的融资模式,但前提是项目具有营利性和可经营性,本基地工业类土地一级开发前期具有非营利性,一般企业不愿意参与经营,且目前的土地储备制度要求土地净地出让,政府要逐步垄断土地供应市场,因此,土地一级开发项目也不可能由他人去经营,BOT 模式就无法实施。另外,债券融资、土地资产证券化这些直接融资模式又不可行,因为开发主体不具备应有的资质和条件。因此,适用于本基地的土地一级开发融资方式就很有限。

4.3.2 土地一级开发融资困难的主要成因分析

(1)建设主体的融资缺口过大

目前基地土地一级开发主体是北京通用航空产业基地管委会,授权通航产业基地开发公司进行土地一级开发,而基地开发公司的初始资本金只有3亿元,离基地整体一级开发投资96亿元相差甚远,及时按照分期开发的原则,一期开发6000亩,也需要投资36亿元(按每亩开发综合成本60万元测算),缺口依然很大。

(2) 融资主体抵押物不足

一般银行贷款需要抵押物,要求土地证进行抵押,而由于土地尚处于一级开发过程中,根本还没有上市交易,土地一级开发商手上就没有土地证,没有抵押物,建设主体就很难进行抵押融资。

(3) 土地一级开发存在亏损风险

一般情况下,一个项目能否融资,无论是债券融资还是股权融资,其重要的前提是该项目本身有比较好的收益,对于借贷方来说可以保障能及时收回贷款,对于股权投资方来说,可以有利润分红收益,而该项目的土地一级开发存在着亏损风险,目前的土地一级开发成本是 60 万元/亩,而作为工业用地出让的价格却是 36 万元/亩(参照京土整储工挂(平)〔2012〕01 号土地出让价算,工业用地土地出让价格约合 548.1 元/平方米),每亩地实际开发亏损约 24 万元,在这种情况下去谈融资是很困难的。

4.3.3 通用机场建设融资困难的主要成因分析

通用机场营利性差,对企业投资的吸引力较弱。全国目前的民航运输机场只有客流量较大的几个枢纽型运输机场能够盈利,其他的机场大都处于亏损状态,需要地方补贴才能运营下去。本基地里面的通用机场客流量、货物吞吐量更低,势必会影响其收益,营利性较弱也必然影响其融资活动。

4.3.4 通用产业项目融资困难的主要成因分析

该基地涉及的航空产业项目有飞机制造、通航运营、飞机维修、飞机展销、航空物流、航空教育等项目,其中,航空物流、航空教育、飞机维修等项目固定资产投资相对较少,建设资金投入不是很大,业主靠自己投资基本能解决,因此,融资困难不大。本书重点对飞机制造、通航运营等项目融资难问题进行原因分析。

(1) 固定资产投资大,回收较为漫长

如俄罗斯直升机组装制造的项目,总投资约 5 亿元,公务航空的项目,仅飞机购买就需 2 亿元,而飞机制造和航空运营的项目,回收期相对较为漫长(直升机制造项目投资回收期约 9 年,航空运营的项目约需 7 年),因此,对于这种前期固定资产投资较大、而回收期较长的项目,银行借贷和股权投资的积极性都不高,企业信贷融资和股权融资难度都较高。

(2) 投资收益受行业发展阶段影响较大

由于目前通用航空整体处于起步阶段,飞机购买的需求、公务航空出行需求、短途航空运输需求、航空作业需求等市场都尚不成熟,因此,对基地的飞机制造、航空运输等项目都会受到影响,企业预期收入受影响,自然会波及前期建设融资。

(3) 直接融资较为困难

由于飞机制造、航空运输等项目都属于新组建的企业,都没有收入业绩,净资产也较少,由于不具备资质和条件,因此,依靠发企业债券、上市融资等直接融资方式比较困难。

4.3.5 制约基地投融资困难的外部因素分析

从外部因素和环境角度来看,主要有以下四个方面的原因。

一是产业不明朗。通用航空产业在我国目前处于起步阶段,飞机购买需求、飞机租赁需求、航空作业、空中游览等需求还有待进一步释放,需求决定供给,没有规模化的需求就没有规模化的供给,需求太少,导致企业供给的积极性下降,同时也影响了企业利润水平,但需求产生的收入不足以弥补企业投入时,企业就会亏损,企业不景气,银行借贷融资和股权融资都会受影响。

二是空域受限制。通用航空与飞行相关的飞机制造业、通航作业、通航短途运输等行业都会受到很大影响。我国虽然在2010年出台了关于低空空域改革的意见,但是全国的低空空域比较大规模的放开还有待时日,这也极大地影响行业发展,最终也不利于行业内企业进行融资。

三是政策受限制。制约通用航空发展的飞行审批手续复杂、时间长,够买国外飞机税收负担重(关税加增值税合计税率约23%),一般小型的通用航空器(喷气式公务机除外)很难进入民航运输机场进行起降,这些政策因素也制约了通用航空产业的发展,也影响了基地里面的飞机制造业和运营服务业发展,最终会传导到前期企业建设的融资活动。

四是基础设施和公共服务不完善。由于我国的通用航空机场少、不成网络体系,再加之低空导航、气象、预警等飞行服务设施不完善,也影响了行业发展,最终也影响到基地企业融资。

第5章 北京通航产业基地投融资方案设计

5.1 基地土地一级开发投融资方案设计

5.1.1 投资内容及资金测算

(1)土地一级开发的主要内容

土地一级开发内容主要分为三大板块:一是土地平整;二是基础设施配套建设,主要指七通(给水、排水、电力、电信、道路、暖气、煤气);三是回迁房建设。按照目前60万元/亩的综合成本,基地综合投资约需96亿元(表5-1)。对于北京市平谷区政府来说是不可能完全依靠财政实现土地一级开发的,还须引进社会资本、创新投融资方式来解决这一问题。

表 5-1 基地土地一级开发投资测算

类别	主要项目	占地面积(亩)	投资强度与测算标准	投资合计(亿元)
土地一级开发	基地征地拆建与配套基础设施建设	16000	60万元/亩(根据2012年周边园区土地一级开发成本进行测算)	96

(2)土地一级开发成本

土地一级开发成本主要包括:征地、拆迁补偿费及有关税费;收购、收回和置换过程中发生的有关补偿费用;市政基础设施建设有关费用;招标、拍卖和挂牌交易中发生的费用;贷款利息。

5.1.2 土地一级开发融资原则

土地一级开发主体在融资过程中,需要遵循如下原则。

(1)科学预测和合理规划相结合的原则

土地一级开发资金需求量大,占用时间长,筹资任务非常繁重,这就要求开发主体在项目开始以前对于项目本身所需要的资金总量、各个阶段需要投入的资金量、资金回收数量和时间进行科学预测,在此基础上对筹资活动进行合理规划。

(2)合理选择筹资时机的原则

土地一级开发资金投入时间的选择应当根据项目进展情况和资金状况决定,既要避免资金不足,又要避免资金闲置。

(3)合理选择筹资方法原则

不同筹资方式的资金成本不同,筹资的难易程度也不同。开发主体应当根据项目本身资金需求状况和项目本身的进展情况选择合理的融资方式,既要保证满足项目运转的资金需求,又要最大限度地降低资金成本。

5.1.3 土地一级开发融资模式设计

如第 4 章所述,该基地的土地一级开发建设主体是通航基地开发公司,其投融资模式比较受限,经过研究和实际调研情况来看,本章认为适合基地土地一级开发的模式主要是 BT 模式与合作连片开发模式。

5.1.3.1 BT 模式

(1)基本运作流程

首先由平谷区政府授权通航基地开发公司负责基地土地一级开发,通航基地开发公司再通过法定程序(包括招投标和非招投标方式)选定仅承担投资职能的投资人(考虑到项目投资较大,一般是联合体),由投资人设立具有法人资格的项目公司,并由项目公司作为建设单位对 BT 项目进行融资、建设组织和管理,包括项目公司自行融资、通过公开的招投标程序选择施工承包商、监理单位和材料设备供应商等。项目建成后由通航基地开发公司负责回购。

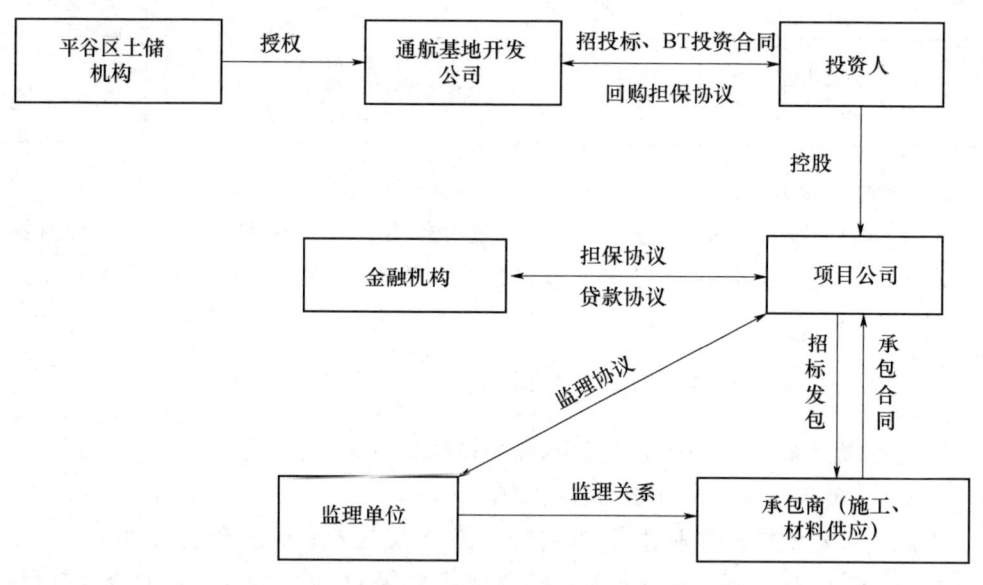

图 5-1　BT 模式流程图

(2)滚动开发、分段平衡策略

基地规划土地 1.6 万亩,如果一次性进行土地开发,总投资约 96 亿元,如果土地一级开发完了,政府需要拿出至少 96 亿元来回购这个 BT 项目,显然政府是没有这个财力的,而且也不符合项目开发时序。所以,该基地的土地一级开发一定是分阶段滚动开发,而且各阶段尽可能做到投入和产出平衡,否则政府将会承担大量的投资。具体来讲,可以大体分为三阶段,各阶段开发平衡策略见表 5-2。

表 5-2 基地土地一级开发分阶段平衡策略

	土地一级开发面积	盈亏平衡策略	备注
第一阶段	3338亩,其中工业用地3000亩,居住用地338亩。	用房地产开发用地出让金的收入弥补工业用地出让金的亏损。	工业用地亏损额:(60万元/亩成本-36万元/亩收入)×3000亩=72000万元 房地产用地净收益额:(273万元/亩收入-60万元/亩成本)×338亩=72000万元
第二阶段	6000亩,其中工业用地5500亩,居住用地500亩。	工业用地价值不断攀升,土地出让收入和部分居住用地出让收入正好弥补开发成本。	
第三阶段	6662亩,全部为工业用地。	基地品牌提升,工业用地出让收入正好弥补开发成本。	

从表 5-2 可以看出,基地分阶段进行土地一级开发,盈亏平衡策略主要是两条:一是靠居住用地开发,通过高额的出让金收入弥补工业用地开发的亏损;二是靠基地产业集聚度不断提高、品牌度不断提升,这样不断提高基地工业用地出让金水平,实现工业用地出让收入正好等于开发成本。

分阶段滚动开发的好处:一是有利于减轻开发商开发的成本,也利于开发商减轻开发商融资压力;二是有利于减轻政府或基地开发公司压力,如在土地出让金收入受影响的情况下,政府或基地开发公司也能筹措到相应资金解决 BT 项目回购的压力。

(3) BT 模式运作关键要领

① 制定合理的招商方案或招投标方案,充分引入竞争机制,选择有资质、实力雄厚的投资商或开发公司。

② 合理确定回购基数,回购基数的一般确定方式:可研估算、扩初概算、施工图预算加独立费用加预备费包干和施工图预算加现场签证等四种,目前国内主要以前两种为主。

③ 合理确定回购期:一般 BT 项目为 2~4 年,根据基地各阶段土地一级开发的面积、拆迁难易度等,合理确定回购期。通航基地开发公司在项目验收合格后向投资人支付第一笔回购款项,以后几年中每隔一定时间由通航基地开发公司分别向投资人支付回购款。

④ 通航基地开发公司在投资人组建项目公司实施工程建设期间监督其资金到位情况,同时参与监督工程进度,确保其按照施工图建设。

⑤ 通航基地开发公司向投资人支付的建设资金利息一般为同期银行基准贷款利率,但如果项目回购期较长,为了规避回购期内的利率风险,通航基地开发公司可在回购协议中加入利息浮动的条款,即在回购期内若遇到中国人民银行同期贷款利率调整超过一定限度(包括下调)时,通航基地开发公司向投资人支付的利息做同步调整。

⑥ 为保证通航基地开发公司按期足额支付回购款,通航基地开发公司应向投资人提供不低于回购款总额的相应的担保。例如,履约保函、土地抵押、第三方担保等。

(4)通航基地开发公司注意事项

作为基地土地一级开发的建设主体,在运用 BT 融资模式时应注意规避风险,降低融资成本,实现效益最大化。

① 合理确定各阶段土地一级开发的面积及用地性质,如多少是工业用地、多少是居住用地、多少是商业用地,主要从用地需要、回购资金、盈亏平衡等角度进行分析和判断。

② 严格审查投资方的施工资质,投资方可以为一方也可为联合体;最重要的是严格审查投资方的融资能力与经济实力,例如,投资方的银行信用等级、财务状况,等等。

③ 采用国际咨询工程师联合会(FIDIC)编制的合同条款,签订 BT 合同,规范双方的行为,明确双方的权利和义务。

5.1.3.2 约定利润空间的委托开发模式

(1)基本运作流程

平谷区土地储备机构授权通航基地开发公司进行开发,通航基地开发公司再通过招标方式选择开发企业负责土地一级开发,并签订土地一级开发委托协议,明确双方权责,开发公司的利润率不高于预计成本的 8%,土地增值部分开发公司享有一定比例分成。土地一级开发后组织相关部门进行验收,符合上市条件后进入市土地交易市场进行交易,土地交易成交后,竞得人支付土地出让金,并同时向开发公司支付土地一级开发补偿费。

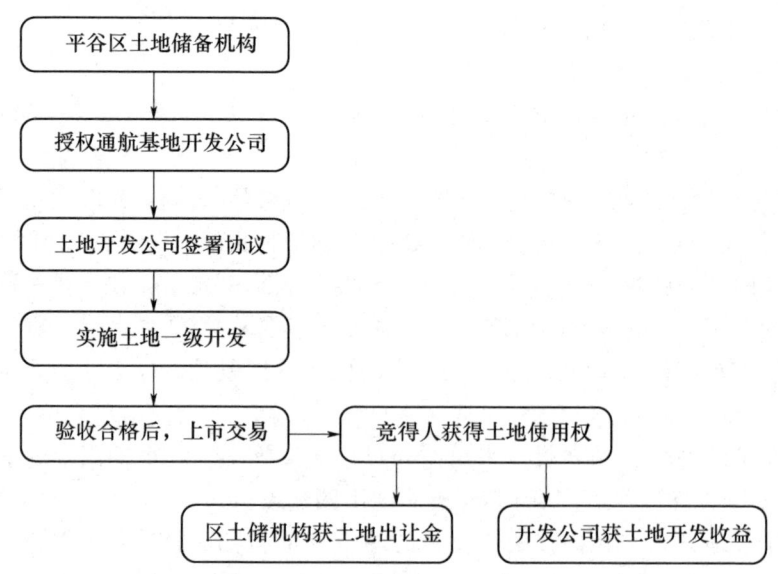

图 5-2 通航产业基地约定利润空间委托开发模式

(2)开发公司主要建设工作内容

① 负责基地详细规划设计、论证及优化修编工作。

② 负责基地内七通一平,负责回迁房建设。

③ 统一对基地内公共绿地(防护绿地、防护林带、风景林带、景观绿带)、公园绿地及水系等景观进行建设。

④ 按照规划将开发区内高压线移至200米绿化带内。

(3)平谷区土地储备机构义务

① 负责协助开发公司向市规划部门办理规划手续。

② 负责按开发公司提出的征地申请,按政府规定程序办理征地报批手续。

③ 负责涉及农转用的向市国土房管局申办农转用手续。

④ 负责涉及房屋拆迁的,向所在区、县国土房管部门申办《房屋拆迁许可证》。

⑤ 负责协调涉及征地拆迁的镇、村在征地拆迁过程中的工作。

⑥ 负责按照开发公司确定的土地交易条件安排土地入市交易。

(4)注意事项

① 关于成本与利润核算。为了使得双方利益都能有所保障,也为了避免合作过程矛盾发生。一般情况下,由平谷区土地储备机构与开发公司共同委托第三方机构按照政府批准的成本核定标准对土地一级开发过程中所发生的费用进行审核,根据市国土部门《土地一级开发成本核算及收益分配标准》的规定核定土地一级开发成本及相应的利润。

② 关于开发公司收益计算。开发公司收取土地一级开发总成本和相应的8%利润(即土地一级开发总成本的8%),如果土地溢价交易,并享有一定比例的增值部分收益。增值部分收益=土地交易成交价−土地一级开发成本−8%利润−政府土地出让金。

③ 双方收益的保障。土地交易成交后,竞得人需与平谷区土地部门签订《北京市国有土地使用权出让合同》,并支付土地出让金;同时竞得人与开发公司签订《土地一级开发补偿协议》,支付土地一级开发补偿费(指土地一级开发成本及土地一级开发收益)。

5.1.4 模式比选

两种模式(表5-3)都属于政府委托企业进行土地一级开发,都是企业主导型的开发模式,政府只负责协调和监督工作,这个也符合目前北京市以企业为主导的土地开发模式。两种模式都有各自优劣势,最大的区别是前提条件和成本承担方式不同。BT模式的前提是开发完后政府要约定进行回购,并支付所有成本,实际上属于"按揭"方式,政府是延期支付土地一级开发的成本。约定利润的委托开发模式,前提是该项目本身有利润空间,开发公司认为"有利可图",土地一级开发成本不需要政府承担,最终转嫁给土地竞得人。

综合以上分析来看,如果通航产业基地在土地一级开发过程中,尤其是工业用地比重比较大的情况下,土地开发没有利润空间时,可以考虑用BT模式;如果工业用地的土地一级开发中配有足够的居住用地开发,并有一定的利润空间时,可以考虑用约定利润空间的委托开发模式。

表 5-3 两种土地一级开发模式的比较分析

	优势	劣势	前提条件	共同点
BT 模式	在没有利润的项目中,土地一级开发能照常进行。	政府要承担开发期间的利息费用。	政府要与开发公司签订回购合同,按期支付回购资金。	都属于政府委托企业进行土地一级开发,都是企业主导型的开发模式,政府只负责协调和监督工作。
约定利润的委托开发模式	企业开发期间,政府无须承担利息费用。	政府要从土地交易收益中,支付一定的利润和溢价增值收益给开发公司。	项目本身要有利润空间。	

5.2 通用机场投融资方案设计

5.2.1 投资内容及资金测算

北京市平谷通用机场,一期跑道长度 1800 米,宽度 45 米,新建停机坪约 21 万平方米。主要工程包括飞行区场道工程、场道配套工程、飞行区消防工程、飞行区供电及助航灯光工程、导航工程、空管工程、气象工程、安防工程等。其中,建筑工程费用 39139.32 万元、设备及设备安装费用 3877.65 万元、其他费用 5332.81 万元,另加上航站楼及配楼投资 5000 万元,合计 53349.78 万元。

5.2.2 通用机场建设投融资方案设计

根据 2012 年平谷区政府的财政收入情况以及通用机场特性,我们建议通用机场的建设可采取 PPP 模式和 BOT 模式两种方案。

5.2.2.1 PPP 模式

PPP 模式,即 Public-Private Partnership 的字母缩写,是指政府与私人组织之间,为了合作建设基础设施项目,或是为了提供某种公共物品和服务,以特许权协议为基础,彼此之间形成一种伙伴式的合作关系,并通过签署合同来明确双方的权利和义务,以确保合作的顺利完成,最终使合作各方达到比预期单独行动更为有利的结果。

通过"PPP+专业运营管理"可实现通用机场建设投资主体多元化、运行机制市场化和服务方式多样化。以平谷通用机场筹资 5.3 亿元建设机场为例,政府出资 5.3 亿元×0.4×0.51=1.08 亿元(占比 51%,北京市和平谷区各自承担一定比例资金)、社会投资人联合体出资(社会投资人主要指后期负责机场运营的航空公司或专业的机场运营管理公司)5.3 亿元×0.4×0.49=1.04 亿元(占比 49%),共同组建股本金为 2.12 亿元的新项目公司(平谷通用机场建设管理集团公司),项目公司再进行社会融资 5.3 亿元×0.6＝3.18 亿元(本贷比为 4∶6);这样政府出资约 1.08 亿元可实现筹资 4.22 亿元,有效保障机场投资建设工作。

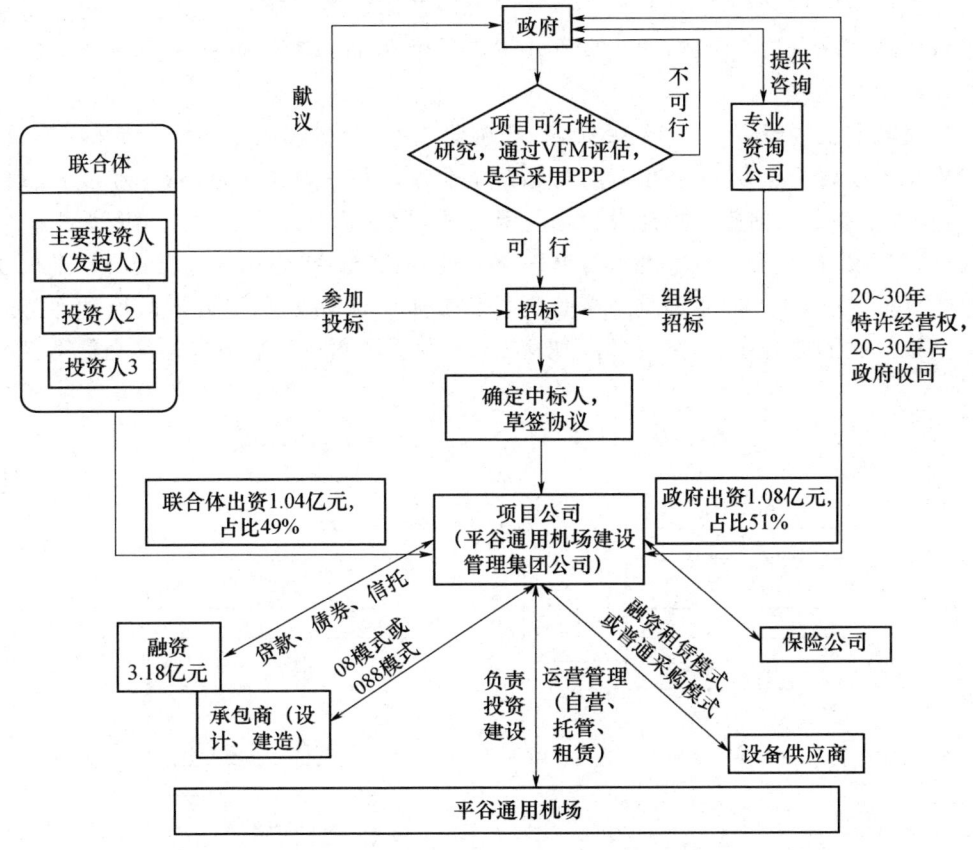

图 5-3　通用机场 PPP 投融资建设模式图

通用机场建起来后可采取自营、托管、租赁等运营方式。通过特许经营,社会投资人联合体享有 20～30 年的机场经营权,期间政府不参与分红,20～30 年后政府收回机场所有资产。

PPP 模式的好处:将机场后期的主要运营单位(航空公司)作为股东之一推到前期的机场建设上来,通过特许经营,让运营公司享有长期的经营权,通过经营收益来弥补前期的建设投资,由于机场的主要运营单位参与了前期的建设,这样能保障机场的设计和建设更合理,更能满足后期航空公司的运营需要,这样能最大限度地保障机场的运营能力。

5.2.2.2　BOT 模式

(1)基本运作流程

BOT 是 build-operate-transfer 的缩写,BOT 是私人资本参与基础设施建设,向社会提供公共服务的一种特殊的投资方式,包括建设(build)、经营(operate)、移交(transfer)三个过程,是指政府通过契约授予私营企业(包括外国企业)以一定期限的特许专营权,许可其融资建设和经营特定的公用基础设施,并准许其通过向用户收取费用或出售产品以清偿贷款,回收投资并赚取利润;特许权期限届满时,该基础设施无偿移交给政府。

通用航空机场建设的BOT模式:私营企业,主要是机场战略投资者或航空公司参与机场的投融资建设,平谷区政府与私营企业签订特许权协议,私营企业成立项目公司,可称平谷通用航空机场建设管理有限公司,授予签约方的项目公司来承担机场建设项目的投资、融资、建设、经营与维护,在协议规定的特许期限内,该公司享有机场运营管理权,通过机场收费和航站楼商业开发来弥补前期投资;平谷区政府则拥有对这一基础设施的监督权、调控权;特许期满后,机场基础设施无偿或有偿移交给平谷区政府。

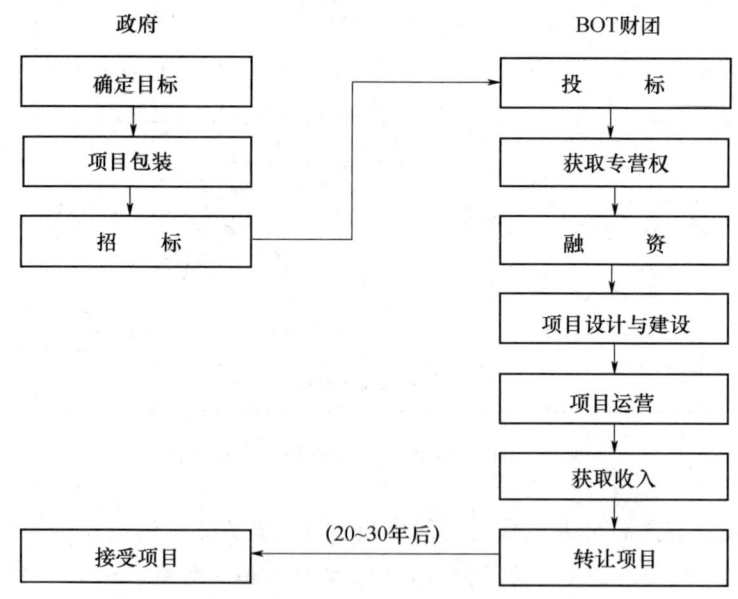

图5-4 通用机场BOT投融资建设模式图

(2)BOT模式优势

① 可利用私人企业投资,减少政府公共借款和直接投资,缓和政府的财政负担。

② 避免或减少政府投资可能带来的各种风险,如利率和汇率风险、市场风险、技术风险等。

③ 有利于提高项目的运作效益。因为一方面BOT项目一般都涉及巨额资金的投入,以及项目周期长所带来的风险,由于有私营企业的参加,贷款机构对项目的要求就会比对政府更严格,另一方面私营企业为了减少风险,获得较多的收益,客观上促使

其加强机场建设管理,控制造价,减低项目建设费用,缩短机场建造周期。

④ 可提前满足社会与公众需求。采取 BOT 投资方式,可在私营企业的积极参与下,使平谷通用机场早日建成,在政府有力量建设前,提前建成发挥作用,从而有利于促进通航其他产业发展。

5.2.3 模式比选

通过 PPP 和 BOT 两种模式的分析和比较,发现 PPP 模式既能有效节省政府投资,而且可有效解决后期运营管理问题。PPP 模式与 BOT 模式相比的另一个好处是,政府对机场拥有产权和管理权,有一定的控制能力,作为一种特殊的交通基础设施,政府掌握一定的控制权很关键。

5.3 通航产业项目投融资方案设计

5.3.1 投资内容及资金测算

基地与通用航空自己相关的产业项目有俄罗斯直升机组装项目、公务机组装项目、公务航空项目、货运航空项目、旅游航空项目、飞机展销中心项目、飞机维修项目、航空物流项目、航空培训项目等,考虑到飞机展销、飞机维修、航空物流、航空培训等项目前期建设期间固定资产投资不大,投融资事宜相对容易,故本节重点论述俄罗斯直升机组装、公务航空项目的投融资方案的设计。

(1)俄罗斯直升机组装项目建设内容及投资估算

根据投资人项目发展规划,在项目起步阶段,年组装 30 架 Ka-32A11BC 直升机(图 5-5),项目成熟阶段,年组装 100 架卡式直升机。占地面积 1000 多亩,总投资约 50 亿元,建设内容主要包括零部件库房、组装车间、机库、直升机停机坪等,年产值约 30 亿元人民币。配套建设直升机研发、设计机构,计划 5~7 年内消化技术,由大部件组装逐步过渡到 60%以上部件的国产化水平,形成原型机改装和新型机自主研发、设计、生产能力。

Ka-32 系列直升机是一款多用途直升机,于 1986 年开始量产,在巡逻报警、卫星热点侦察、火场侦察、消防灭火、吊运物资等领域有着很强的功能。Ka-32 型是苏联卡莫夫设计局研制的双发共轴式反转旋翼民用直升机,采用两副全铰接式共轴反转三片桨叶旋翼,桨叶可人工折叠。尾翼由水平安定面、两个端板式垂直安定面和方向舵组成不可收放的四点式起落架。

(2)公务航空项目建设内容及投资估算

根据投资人项目发展规划,计划一期引进 3 架中远程喷气式公务机,二期引进 2 架轻型公务机和 3 架中远程公务机,并建立自有机库。总投资约 10 亿元。

- 适航证遍布全球
- 复杂条件执行作业
- 尺寸小，机动性强，密封性好
- 温度范围：-50~+45℃
- 允许风速：侧风12级
- 水池≤0.5米、时间50秒，5吨
- 城市消防
- 护林灭火
- 油井灭火

图 5-5　Ka-32 系列直升机性能

5.3.2　通航产业项目的投融资模式设计

直升机组装项目和公务航空项目的共同点是前期固定资产较大，直升机项目最大的固定资产投资是生产设备的投资，公务航空最大的固定资产是飞机，解决这类项目融资问题，核心是解决前期固定资产投资大的问题。如第 4 章分析，传统的银行借贷、BT、BOT 等模式都适合这类项目，而金融租赁和集合信托等融资模式却比较适合。

5.3.2.1　融资租赁模式

(1) 融资租赁特征及流程

融资租赁是指由出租人和承租人根据双方合同约定，在出租人拥有该固定资产所有权的前提下，以承租人支付所有租金为条件，将一个时期的该固定资产的占有、使用和收益权让渡给承租人。这种租赁具有融物和融资的双重功能。金融租赁可以分为三大品种：直接融资租赁、经营租赁和出售回租，本书重点研究融资租赁、经营租赁两种方式。

重要特征：租赁期限内，所有权和使用权分离，出租人拥有租赁物的所有权，承租人拥有租赁物的使用权。租赁期届满，承租人履行完成全部义务，优先选择留购权。

融资租赁基本流程：租赁公司根据客户需要，从制造商购买相应资产，客户定期向租赁公司支付租金，制造商将资产交付给客户使用，租赁期间的大修和保险等费用由客户承担，租赁期满后，客户可选择回购（图 5-6）。

(2) 融资租赁操作步骤和要点

① 基地公务航空公司选定飞机，或者是直升机组装公司选定好生产设备。

② 金融租赁公司取得飞机或生产设备购买权。

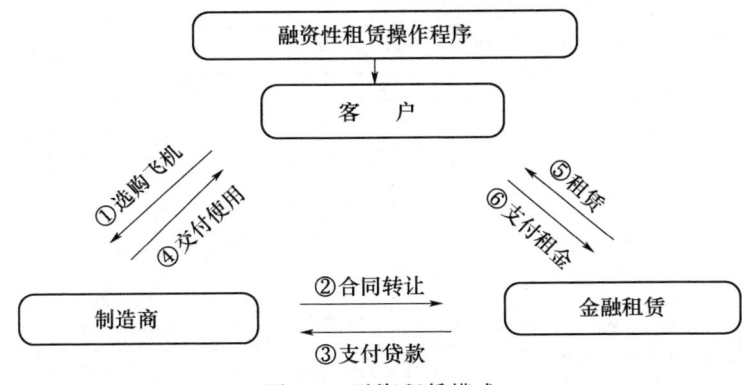

图 5-6 融资租赁模式

③ 金融租赁公司解决上述公司达70%以上的资金缺口。

④ 飞机制造商或设备厂商将飞机或生产设备直接交付给基地的航空公司和直升机组装公司。

⑤ 航空公司或直升机组装公司向金融租赁公司融资租赁飞机或生产设备。

⑥ 航空公司或直升机组装公司负责飞机或生产设备的维护保养以及保险事宜。

⑦ 租期结束,航空公司或直升机组装公司以名义价格取得飞机所有权、生产设备所有权。

(3) 融资租赁模式的主要优点

① 折旧摊销获得持续的所得税抵扣。

② 每年支付运营管理费抵扣所得税。

③ 通过租赁融资减少资金占用。

④ 使用前完整租赁,产权安全,航空公司或直升机组装公司能长久经营。

⑤ 对于租赁期后想占有飞机或生产设备的,采用融资租赁较好。

5.3.2.2 经营性租赁模式

(1) 经营性租赁基本流程

客户从融资公司租赁资产,并按期支付租金,租赁期满后资产转交给租赁公司,客户可以以市场价留购(图5-7)。

(2) 经营性租赁操作步骤和要点

① 金融租赁公司直接购买公务机或生产设备。

② 飞机制造商或设备制造商将飞机或生产设备交付金融租赁公司。

③ 基地内的公务航空公司或直升机组装公司向金融租赁公司经营性租赁飞机或生产设备,一般期限为3~5年。

④ 租赁期间,金融租赁公司负责飞机大修。

⑤ 租期结束,公务航空公司或直升机组装公司可退回飞机或生产设备或以市场价购回。

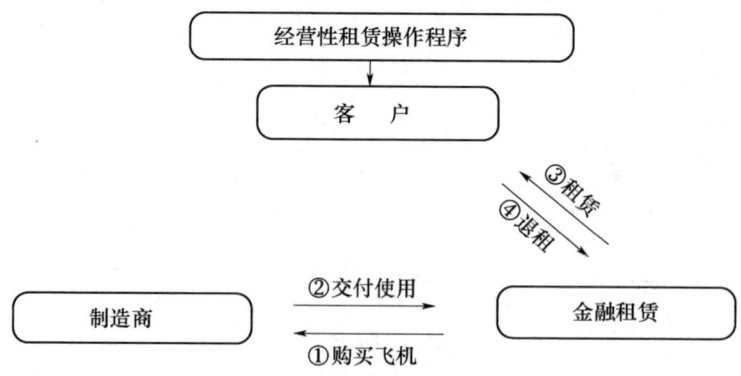

图 5-7 经营租赁模式示意图

5.3.2.3 融资租金和经营性租赁模式比较

(1) 两种模式的区别

融资租赁其实质就是转移了与资产所有权有关的全部风险和报酬,某种意义来说对于确定要行使优先购买权的承租企业,融资租赁实质上就是分期付款购置固定资产的一种变通方式,但要比直接购买高得多。而对经营租赁则不同,仅仅转移了该项资产的使用权,而对该项资产所有权有关的风险和报酬却没有转移,仍然属于出租方,承租企业只按合同规定支付相关费用,承租期满的经营租赁资产由承租企业归还出租方(表5-4)。具体来讲,区别有如下几点。

① 对权利的最终要求不同

经营租赁的最大特点在于承租人租赁资产的目的仅限于使用资产,在租赁期满后一般将资产如数归还给出租人,而不考虑最终取得资产的所有权。

而在融资租赁中,承租人不但考虑在租赁期间内使用出租人的资产,而且还在于租赁期届满时获得资产的所有权。通常,在租赁期满时,承租人可以根据租赁契约中规定的优先购买选择权,支付一笔为数不多的转让费,即可获得其所租赁的资产。从这个意义上讲,融资租赁相当于分期购买行为。

② 在租约的可否撤销条款上不同

在经营租赁中,承租人有权在租赁期满前便撤销租赁契约。而融资租赁的契约通常是不可撤销的。

③ 租赁期长短不同

由于经营租赁的目的主要是取得资产的使用权而并非最终获得资产,所以租赁期较短,通常远远短于资产的有效经济寿命。而融资租赁的期限则较长,有时甚至长于资产的有效经济寿命。

④ 租金总额是否接近于租赁资产的公允价值

由于经营租赁的期限较短,其租金总额往往只占租赁资产公允价值的一小部分,经营租赁租金属于一种非全额清偿,即出租人的投资回收来源于不同的承租人支付的租金。而融资租赁类似于购买,因此,其租金总额一般接近于甚至等于租赁资产的公平市价。

⑤ 履约成本的承担者不同

对于经营租赁,租赁资产有关的税金、保险费和修理费等一般不是由承租人承担,尽管在确定租金时,出租人可能通过提高租金的方式把上述费用转嫁给承租人。对于融资租赁来说,这些费用通常都是由承租人承担的。

⑥ 作用不同

经营租赁行为能使企业有选择地租赁企业急用但并不想拥有的资产,特别是工艺水平高、升级换代快的设备更适合经营租赁。而融资租赁,这样使企业能在极短的时间,用少量的资金取得并安装投入使用现成的租赁资产,并能很快发挥作用,产生效益,因此,融资租赁行为能使企业缩短项目的建设期限,有效规避市场风险,同时,避免企业因资金不足而放过稍纵即逝市场机会。

⑦ 留购处理价格不同

留购,是指租赁期限届满后,通过留购合同实现租赁物所有权的转移,承租人向金融租赁公司支付留购价款后,金融租赁公司出具销售发票,承租人取得租赁物的所有权。一般情况下,经营租赁所支付的留购价格是租赁资产评估后的价格,占租赁资产原始价格比重很高,而融资租赁所支付的留购价格却很低,占租赁资产原始价格比重很低,有时只有万分之几,一般采用预收的方式收取,其价格是一个名义货价,其目的只是完成租赁物所有权的交割,界定租赁物的归属。

表 5-4 融资租赁与经营租赁区别

	融资租赁	经营租赁
租金计算方法	占用融资成本的时间	租赁物使用时间
风险和责任	物权和债权分离	物权和债权分离
租赁的目的	承租人获得租赁物	承租人短期使用租赁物
物件的选择	承租人(客户)自由选择	出租人购买,承租人选择使用
库存	无	有
租赁合同期限	中长期(1年以上)	一般多是短期使用
标的物管理责任	承租人(客户)	出租人
保险	承租人按约定购买	出租人购买
保险受益人	出租人	出租人
中途解约	不可以	可以
合同期满的处理	承租人(客户)留购	归还出租人
留购价格	一般是象征意义的价格	市场公允价格

(2)模式比选

从以上两种模式的运作及比较来看,如果是基地内直升机组装公司以及其他装备制造公司,如果引进的生产线或成套设备投资比较大,且需要长期利用,资金有限的情况下,适合选择融资租赁,不适合经营租赁。如果是公务航空公司,或者是旅游航空公司、货运航空公司,前期资金有限的情况下,可以选择融资租赁或经营租赁,如果租赁期满后想长期拥有该飞机,建议用融资租赁模式较好。

5.3.2.4 集合信托模式

(1)集合信托运作模式

信托贷款是一种不同于银行贷款、但类似于银行贷款的融资方式,是指信托公司根据企业贷款需求,设立信托计划(一种类似债券的金融产品),向特定投资者募集资金,然后将募集到的资金以贷款形式发放给企业,企业按期还本付息。

而集合信托是指多家中小企业联合起来,作为一个整体,通过信托公司统一发行信托计划募集资金,并把募集到的资金分配到各家企业。在集合信托中,企业各自确定资金需求额度,各自承担债务,互相之间没有债务担保关系,而是共同委托一家担保公司为所有企业承担担保责任(图5-8)。

(2)运作流程

基地内有融资需求的中小企业,如航空装备制造公司、航空物流公司、航空培训公司等企业,可以联合向基地管理委员会(类似于平台)申请发行集合信托,基地管委会再联系信托公司、担保公司,为基地企业制定集合信托计划、提供融资担保,信托公司与基地内相关企业确定融资额度后,发行信托计划,投资者购买信托,信托公司根据各公司融资需要划转借贷资金,各公司按月或按年还本付息。获得信托贷款的企业,根据基地金融政策,可获得相应的贷款贴息。

(3)集合信托优势

① 能解决基地内企业融资困难

单个中小企业由于势单力薄,难以得到金融资金支持。而集合信托则将多个中小企业一起打包,形成规模优势,提高了企业获得贷款资金的能力。总体来看,集合信托对企业的要求比银行贷款有所降低,而且能提高融资规模、延长期限(期限可达3年)。相对于银行贷款,信托贷款能帮助企业部分解决固定资产贷款困难的问题。

② 有利于提高企业形象

一般认为,发行信托的企业是资质优秀的企业。中小企业参与集合信托计划,能提升企业形象,提高市场知名度,为企业未来发展奠定良好的基础。

③ 有利于获得金融机构和投资机构的支持

企业参与集合信托,意味着企业获得了担保公司、信托公司和投资者的认可,提高了市场认可度,有利于企业获得其他金融机构的支持,利于引进战略合作伙伴,便于股权融资。

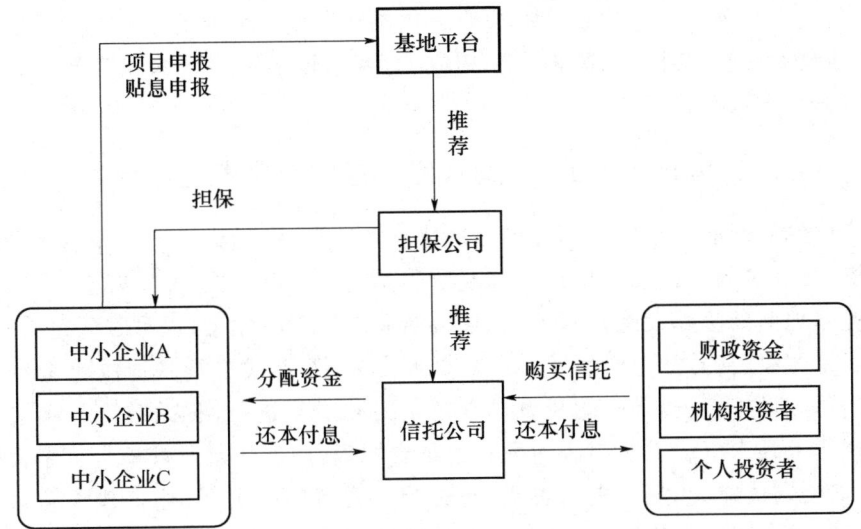

图 5-8 集合信托融资模式

(4) 集合信托条件

企业参与集合信托计划,一般需要具备一定的条件,例如,

① 符合国家和北京市产业政策;

② 注册地在北京,并在当地纳税;

③ 成立两年以上,且近两年连续盈利;

④ 组织机构完整,管理规范,经营团队稳定,财务管理规范;

⑤ 市场稳定,市场竞争能力较强;

⑥ 要求上年末净资产不低于 1000 万元,营业收入不低于 2000 万元,企业资产负债率不超过 70%;

⑦ 企业及主要经营管理人员无不良信用记录。

5.3.3 模式比选

综合以上,融资租赁、经营租赁和集合信托三种融资模式各有优势,各有前提条件。对于直升机组装、其他航空装备制造产业项目来说,生产线或成套设备投资较高、资金占用量较大的情况下,适合采用融资租赁模式。对于公务航空、旅游航空、货运航空等项目来说,需要购买飞机才来营运,适合采用融资租赁和经营租赁模式。对于基地中小企业来说,可以打包成为一个整体,发行集合信托计划,既有利于解决单个企业融资困难的问题,同时也能提高基地整体知名度。

5.4 北京通航产业基地其他投融资建议

作为首都新的功能板块,北京通用航空产业基地建设,仅依靠平谷区政府的力量难以有效推动,必须要上升到全市的战略高度纳入市级工业园区,并积极争取成为国家试点,协调军民航等部门共同推进。相应地,基地投融资建设的相关保障机制也必须上升到全市的高度进行研究。

5.4.1 上升为市级产业园,纳入国家通航产业发展试点

北京(平谷)通航航空产业基地属于区级产业园区,基础设施建设是由平谷区政府主导投资,且大量的协调工作也是由区政府为主进行协调推进,而实际上,北京(平谷)通航产业基地前期基础设施投资很大,且包括通用机场的建设,以平谷区财力来看,是无法完成这些投资的,如上章所述,如果政府采取BT模式进行基地的土地一级开发及相应的基础设施建设,最终的建设成本还是由政府来进行回购,政府只不过进行了延期支付。上升为市级工业园区的另一个重要原因是,通航产业基地是一个比较特殊的园区,需要与民航局、空军进行协调,而这个需要市政府出面,建议建立北京市级层面的军民航三方联席会议制度,可由北京市领导担任领导协调小组组长,牵头与军方、民航局两方进行协调工作,推动重大事情解决。另外,涉及俄罗斯直升机组装制造项目、加拿大庞巴迪公务机组装制造项目,都需要以市政府的名义去与投资方进行谈判合作。因此,无论从基地的基础设施建设、招商引资还是军民航协调,都需要将区级工业园区上升为市级工业园区。

北京(平谷)通航航空产业基地需要纳入国家通航产业发展试点。目前国家正大力发展通用航空产业,纳入国家通航产业发展试点,可以享受诸多优惠政策,如税收减免、建设用地指标支持、政策资金支持等方面,更为关键的是纳入国家试点,可以在空域上能得到更大的放开,利于基地内飞机制造类项目进行试飞和转场飞行,也利于公务航空、旅游航空、货运航空等航空公司飞机自由飞行。

5.4.2 成立全市通航产业基金,支持通航产业发展

如上一章所述,基地有关土地一级开发、通用机场建设和通航产业项目的投融资方案都是针对具体项目设计的融资方案,而从全局来说,需要构建一个全市的通航产业发展基金,通过产业投资基金参股投资基地建设主体,解决基地内企业投融资问题。建议由政府财政引导资金作为发起资金,吸引社会资本投资,首期募集资金30亿元,成熟后实现募集资金50亿元。全市通航产业投资基金的设立,将会系统地解决基地投融资问题。

5.4.3 基地通用机场建设,纳入市级重大基础设施项目

如第3、4章所述,依靠平谷区政府或通航基地开发公司进行通航机场建设,资金压力较大,考虑到通用机场是一个城市重要的交通基础设施,建议纳入市级重大基础设施项目进行统筹,由市财政出资进行建设,区政府可以适当地配套,此举能系统地解

决基地通用机场建设的投融资问题。

5.4.4 政府采购试点,激发市场需求

如前所述,通用航空产业目前还处于起步发展阶段,市场需求还未充分释放,对基地飞机制造、航空运输项目影响较大,最终会波及企业前期建设领域,造成企业投融资困难。建议探索政府采购试点,采购基地内通航产品和服务。例如,采购基地内组装制造的俄罗斯K-32系列直升机,用于城市消防、治安巡逻和应急救援需要,采购基地内公务航空、通航作业服务,有了产品和服务的采购,一方面能有效解决基地内企业当期发展问题,同时政府的这种采购示范效应会激发市场需求,让通航产品和服务能让更多的大众所熟知,这样为基地的发展营造一个良好的市场需求环境,为基地内企业可持续发展奠定了一个很好的外部发展环境。

5.4.5 筹划通航展销会,提升基地知名度

北京通用航空产业基地是一个新批准的产业基地,需要通过系列的航空活动来进行宣传,提升知名度。国内几个建设中的通航产业基地,如天津直升机基地、陕西渭南蒲城通航产业园,每隔两年都举行一场国家级的航空大会,因此,对于北京通航产业基地来说,也需要组织通航大会。建议将北京航展放在平谷通航产业基地,借助北京航展的知名度来提升基地人气。另外,策划通航展销会,设立通航飞机的永久展销中心,打造系列飞机4S店,提高基地知名度,同时解决企业和个人看飞机难、选飞机难、买飞机难的问题。

5.4.6 投融资建设的配套举措

对于基地建设的投融资问题,不能孤立看待,不能就事论事,为了配合企业投融资问题解决,须为基地企业发展提供配套的发展举措,解决企业后顾之忧。具体如下。

(1)组织保障

建议成立平谷区通用航空产业发展领导小组,组长由区长担任,各委办局领导担任小组成员,定期召开通用航空产业专题协调会,集中研究通用航空产业发展和通用航空项目引进中遇到的重大问题。

(2)科研支持

对列入通用航空产业重点领域发展目录内的科研项目,科技研发活动享受的优惠政策按照《中国民用航空发展第十二个五年规划》《北京市中长期科学与技术发展规划纲要(2008—2020年)》和《北京市"十二五"时期航空航天产业发展规划》若干配套政策有关规定执行。成立平谷区通用航空产业发展技术研发专项资金,重点支持列入通用航空产业重点领域发展目录、具有自主知识产权、技术含量高、产业化前景好的重大项目,加强对通用航空高新技术成果转化,加大对科技型航空中小企业发展的支持力度。

(3)用地支持

按照资源聚集、优势聚集的原则,根据《北京城市总体规划(2004—2020年)》和《北京市"十二五"时期航空航天产业发展规划》的要求,优先保障通用航空项目建设用地,对于通用航空项目的建设用地指标进行计划单列,直接在市国土资源局备案,在项目用地范围内,允许将项目总用地面积7%的土地用于行政及生活配套设施。

对投资强度在300万元/亩以上的通航项目,供地价格予以优惠,在规定期限内允许企业分期缴纳土地出让金。

(4)财税支持

总投资在1亿元以上的通用航空项目,建议自企业项目开工建设年度起,企业前三年所缴纳的城市基础设施配套费和土地使用税,全额予以返还。通用飞机整机研发制造类项目,自获利年起,对企业缴纳的企业所得税连续五年全部返还。获得国家扶持资金支持的项目,按照1∶1比例由专项资金给予配套。

(5)人才支持

对于投资额1亿元以上的通用航空企业,按照其高级管理人员(副总经理以上职务)和高级技术人才(副高以上职称)年收入的5%向企业提供培训资金,用于支持企业对高管人员的再培训。

因通用航空项目发展需要而引进的高级管理人才及高级技术人才,由企业提出申请,经审核确属关键稀缺人才的,一次性给予10万~30万元的安家补贴。

对于长期(每年不少于3个月)在通用航空企业中从事技术研发工作的中国科学院院士、中国工程院院士以及长江学者,由企业按年度提出申请,经审核通过后每人每年给予10万元的生活补贴。

通用航空企业员工子女的教育,可按员工办理的居住证或户籍(居住地)地址就近入学,享受九年义务教育。

通用航空企业引进的外籍高层次人才及家属,协助办理3~5年的《北京居住证》和多次往返签证。

对通用航空项目建设急需的应届本科学历以上非北京户籍的毕业生,按用工合同即可办理落户。

第6章 武汉经开区通航产业综合示范区PPP模式设计

6.1 项目建设背景及概况

6.1.1 项目建设背景

在谋求转变经济增长方式、化解地方政府债务的大背景下,2014年以来,国家陆续出台系列政策文件,大力推广政府与社会资本合作(PPP)模式。PPP模式有利于缓解财政支出压力、为城市基础设施建设形成可持续的资金投入机制,同时有利于提高公共产品或服务的质量和供给效率,发展空间广阔。

湖北省武汉市各级人民政府非常重视基础设施建设,出台了一系列政策举措要求加强基础设施建设。依据相关法律、法规、规章及规范性文件,武汉经济技术开发区管理委员会(以下简称"经开区管委会")本着优势互补、合作共赢的原则,充分利用武汉经济技术开发区(以下简称"经开区")的体制优势、政策优势和发展机遇以及社会投资人在城市综合开发与运营领域的理念、技术、资金及管理优势,决定以PPP模式实施武汉经开区通航产业综合示范区项目(以下简称"该项目"或"项目"),试图通过创新政企合作模式,实现合作共赢发展。

该项目位于武汉市经济开发区(汉南)行政区划内划定区域(以下简称"项目区域")内,项目区域占地面积约为5.30平方千米,分为A、B、C、三块,其中:A地块东至滨江大道,西至兴城大道,北至幸福中路,南至纱帽大道;B地块东至滨江大道,西至兴城大道,北至汉南大道,南至通江一路;C地块东至通航大道,西至兴城大道,北至纱帽通道,南至飞机下线通道(图6-1)。

当前,经开区正处于发展的重要时期,多项重大产业、民生项目上马,给财政带来巨大压力。引入社会资本,可缓解区财政投资压力,提升项目建设管理水平,促使有限的财政资金撬动更多的城市发展项目。

通过政企合作,政府和企业构建起平等、契约、诚信、共赢的机制,发挥政府和企业各自优势;利用企业参与项目的投资、建设、招商、运营管理方面的优势,保证区域建设运营的良性运转,在推进园区建设的同时,统筹考虑产业和城市发展结合问题,加快航空产业示范区建设,进行产业链优化配置,实现产城一体、产城融合发展。

6.1.2 项目区开发建设现状

该项目范围内用地主要分为可利用土地及不可利用土地两大类,根据用地性质不同,可利用土地又包含耕地、园地、村庄和建制镇、公共设施及其他建设用地以及其他农用地(草地、沟渠、设施农用地、田坎、农村道路)四大类,不可用土地面积主要包括水域、永久性农田、已转让已使用土地及有固定用途土地等。

项目区域内建设用地面积约5.30平方千米(7950.00亩),这其中不包括区域内

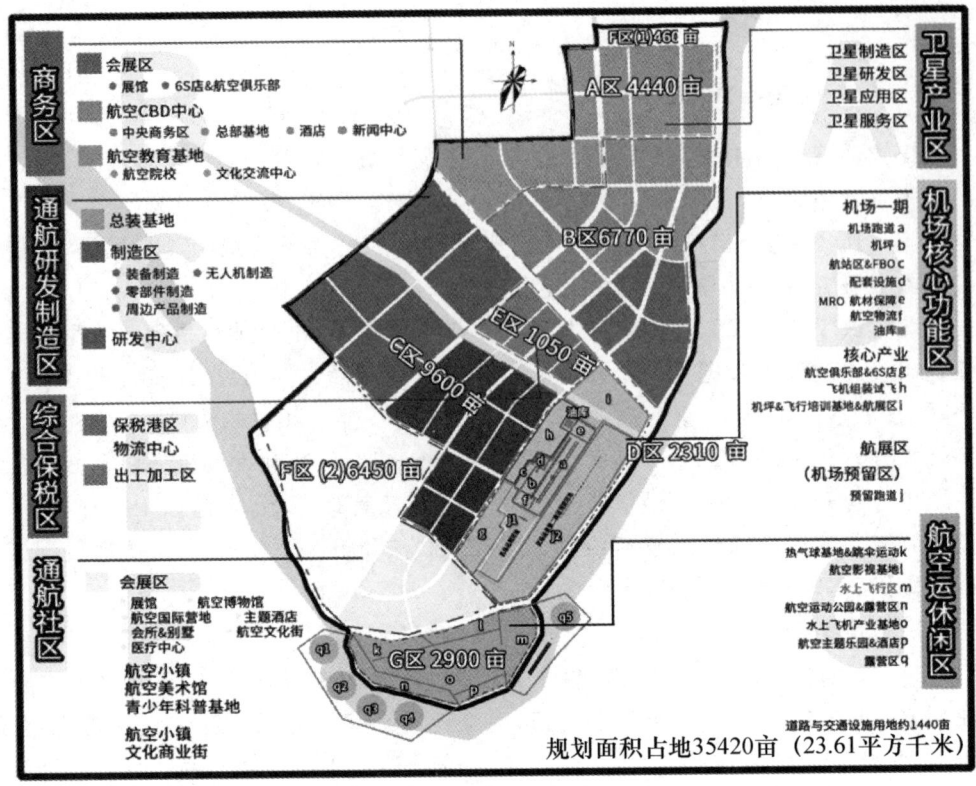

图 6-1 武汉经济技术开发区通用航空及卫星产业园空间布局图

已转让或有固定用途的可利用土地面积,出地率为 96.22%。可出让用地包括住宅用地、商业用地、工业用地、研发用地。不可出让用地包括绿地、广场、交通及公建等用地。可出让土地面积为 3.59 平方千米,占可利用土地面积的 70.43%,其中:住宅用地约 0.8676 平方千米(1301.4 亩),占可利用土地面积的 17.01%;商业用地约 0.08 平方千米(120 亩),占可利用土地面积的 1.57%;工业用地 2.64 平方千米(3965.64 亩),占可利用土地面积的 51.84%;研发用地 0.33 平方千米(499.88 亩),占可利用土地面积的 6.53%。不可出让土地面积为 1.51 平方千米,用于公共设施建设、基础设施建设、绿化、广场用地,占可利用土地面积的 29.57%。

6.2 项目构成及建设内容

该项目包括项目区域内的开发建设及管理,属于"产城一体、产城融合"的综合类项目,由土地整理投资、基础设施建设、公共设施建设、产业发展服务、其他与项目区域开发建设相关的工作等构成。具体构成如下:

(1) 土地整理投资

社会资本提供资金配合政府相关职能部门对项目区域土地进行整理及所涉及的安置建设,保证项目区域内土地供给。包括但不限于土地整理、拆迁补偿、村民安置还建、社会保险保障及土地整理过程中应缴纳相关税费等相关投资。

(2) 基础设施建设与维护

在区域内进行包括土地平整、道路、供水、排水(雨水、污水)、供电、供气、通信、网络等基础设施建设、维护及形成建设用地条件等相关工作及投资。

(3) 公共设施建设与维护

按照规划要求提供区域性公园、绿地、广场、规划展馆、景观环境等公共设施的建设与维护;文体、教育、医疗等公益事业项目的建设与运营;供水、供气等公用事业建设运营管理(如需要,履行必要审批手续);保证入园企业全方位生产生活需求,构建城市服务框架,促进公共资源配置均等化。

(4) 产业发展服务

包括发展战略研究、产业定位选择以及在政府主导下,政府与社会资本共同搭建产业发展与招商引资平台,对区域整体开发建设项目进行宣传、推广并进行招商引资,努力将该项目打造成通用航空技术创新基地、国内重要的航天产业创新发展区、国家产、研融合的产业示范基地。

(5) 区域运营管理

在政府授权范围内,社会资本对合作区域进行一体化运营管理,包括提供物业管理、所建公共设施项目的经营与维护(包括但不限于清洁、绿化维护等)、基础设施的维护(包括但不限于道路、桥梁、泵站等),保证区域企业日常生产良性运转,保证居民生活日益便捷。

(6) 其他与项目区域开发建设

相关的工作基于基地核心区的产业规划、市政规划,整合国际、国内顶尖产业规划资源,深入研究产业发展机遇与方向,为区域制定精准的产业发展规划、区域战略规划、空间规划(包括但不限于概念性规划、总体规划、控制性详细规划和修建性详细规划)的编制及变更的咨询服务等,并为后续规划设计和产业招商提供依据和方向,并推动区域价值增长预期。

据测算,项目区开发不含园区运营费用及管理费用的静态总投资预计为42.6亿元,含园区运营费用及管理费用的总投资预计为81.22亿元。

6.3 项目采用PPP模式的必要性和可行性

6.3.1 项目采用PPP模式的重要性

建设武汉经开区通航产业示范区,通过大力发展通用航天,顺应了航天发展的新形势,以机场为核心,综合围绕机场核心功能区布局总装基地、航空保税区、物流中心、航空制造区、产业研究中心、飞机6S体验店、通航教育基地,同时预留相关产业的远期发展用地。使其成为强有力的经济引擎,最终推动区域经济的快速发展,具有重要意义。建设武汉经开区通航产业综合示范区,进一步集聚湖北省通用航空产业资源,对完善优化我国通航产业布局具有重要意义,是落实"十三五"期间国家建设10个综合性和50个包括航空航天在内的专业性高技术产业基地的重要举措。建设武汉经开区通航产业综合示范区,以发展通用航空为中心,以技术创新、商业模式创新和管理创新为主要途径,开展商业化和市场化运作,引导社会资本参与航天产业,有助于探索全面深化改革下航天发展新模式,对于进一步激发航天企业技术资源活力、探索商业模式创新、推进航天企业体制机制改革具有示范作用。

建设武汉经开区通航产业综合示范区,大力发展通用航空,是实现湖北省和武汉市产业结构调整升级和发展方式转变得主要途径之一,可促进航天产业与其他产业跨界融合发展,带动物流、信息、飞机教育等领域技术的发展,辐射一大批技术相关产业集群发展,有利于带动地方区域经济发展。通航与卫星产业园的发展是站在武汉市及湖北省乃至中西部发展战略的高度,将制造优势转化为经济发展动力,在为经开区和全球对接的门户窗口,以国际航联世界飞行者大会常态化会址为契机,大力发展航空运动产业,成为华中乃至全国的航空运动产业中心,利用武汉优势的地理位置和强大的辐射带动力,发展通航运营服务保障行业,成为区域通航枢纽。政府采用PPP模式向社会资本分期购买服务,通过拉长财政支付年限降低当期财政支付压力,符合代际分担原则。考虑到该项目提供的公共产品和服务内容较多,总体资金需求量较大,该项目拟采用PPP模式,引进具有资金实力和丰富园区建设、运营经验及业绩的社会资本方,组建项目公司,完成项目的总体规划设计、产业规划、投融资和建设运营。

6.3.2 项目采用PPP模式的必要性

有利于充分发挥财政资金的"杠杆"作用,吸引社会资本参与通航产业示范区建设,增加公共服务供给,加快通航产业示范区建设脚步、提升区域价值。

政府与社会资本可以取长补短,发挥政府公共机构和私人企业各自的优势,弥补双方的不足,并形成互利的长期关系,以较低的成本提供高质量的公共服务。

通过PPP模式将政府的短期支付压力转化为中长期支出,有利于平衡财政收支,降低政府债务风险。

实施PPP模式可以优化项目风险分担,引入市场机制,提高项目运营效率。

现有政策框架下,银行等金融机构将优先考虑PPP项目的融资需求,贷款利率可适当优惠,采用PPP模式运作有利于项目融资。

社会资本参与土地整理、基础设施建设及园区运营,能充分发挥社会资本产业招商能力，利于提升区域价值、减少政府对微观事务的过度参与，加快政府职能转变，创新行政管理体制机制，促进法治政府和服务型政府建设。

实施 PPP 模式要求将政府支付义务纳入财政预算，可以促使政府改革财政管理体制，为实施中长期财政预算奠定基础。

6.3.3 项目采用 PPP 模式的可行性

项目符合 PPP 的相关政策要求，可以获得政策支持。

通过建立合理的风险分配机制、回报机制和监管架构，可以充分保障社会资本合法权益和公共利益。

主要由社会资本承担此项目的融资、建设、运营及产业招商、园区运营等过程，政府负责监管，保证了项目在技术和经济上的可行性，缩短前期工作周期，使项目费用降低，实现园区封闭式运行。

经初步测算，就该项目而言，经开区政府财政具备偿付承受能力。

6.4 项目运作方式

6.4.1 项目运作架构设计

该项目属于产城一体、产城融合的区域开发综合类项目，不同于一般单体 PPP 项目，须结合武汉经开区通航产业综合示范区项目的实际情况，坚持 PPP 合作原则，创新 PPP 方式，以满足项目需求。

该项目采用将规划设计、土地整理投资、基础设施、公用事业及产业等服务项目整体外包进行综合开发的运作模式，该项目范围内的土地整理及配套基础设施建设与维护、非经营性公共设施项目建设与运营、经营性项目建设与运营等不同性质的子项目还将根据子项目的特点分别采用"BOT（建设-经营-转让），BOO（建设-拥有-经营），ROT（重构-运营-移交），TOT（移交-经营-移交）"等多种模式运作，经开区政府与社会资本签订 PPP 合作协议，设立专门从事合作区域开发建设经营的具有独立法人资格的项目公司，社会资本向项目公司投入注册资本金与项目开发资金。项目公司作为投资开发主体，负责武汉经开区通航产业示范区项目的产业规划、设计、投资、建设、运营、维护、移交、招商引资等一体化的综合开发服务，通过使用者付费及必要的政府付费获得合理回报，即社会资本方通过收取建设费用、土地整理投资费用、产业发展服务费用、规划设计咨询服务费、物业管理费、公共项目及公用事业维护服务费等收回投资并取得合理收益。政府负责重大事项的决策、规范标准的制定、政策支持的争取以及基础设施及公共服务价格和质量的监管等以保证公共利益最大化。该项目运作模式示意图如图 6-2 所示。

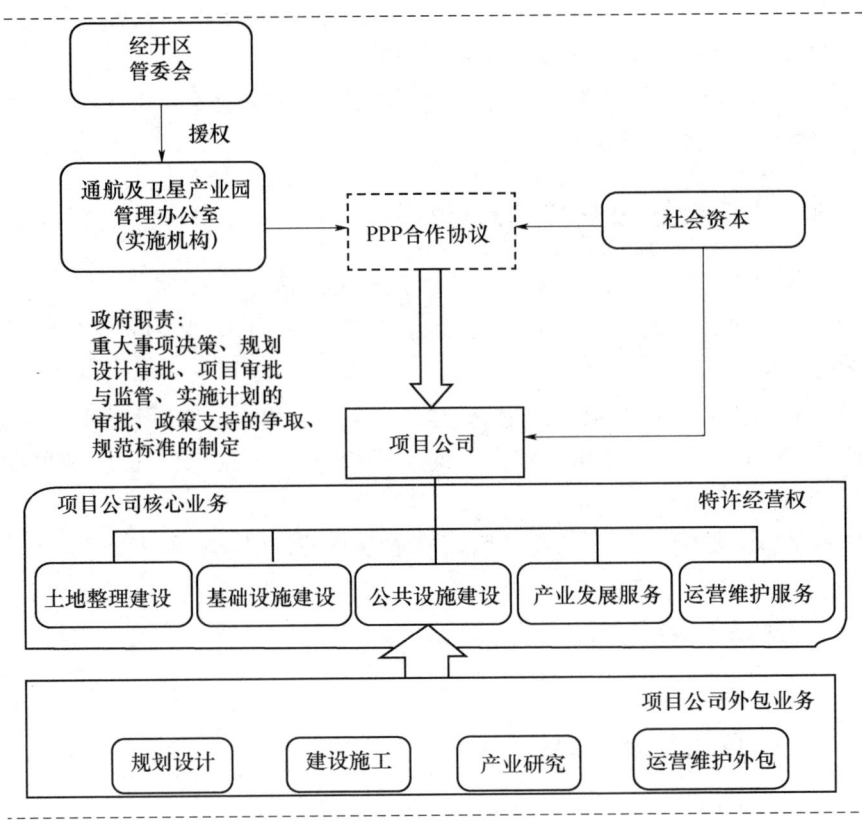

图 6-2 项目运作模式示意图

6.4.2 项目授权

政府对 PPP 实施机构的授权。该项目由经开区管委会授权通航及卫星产业园管理办公室作为该项目实施机构,具体负责该项目识别、准备、执行、移交等工作,同时由区财政局和发改委社会与资本合作(PPP)中心协助通航办组织该项目的社会资本采购工作。

政府对社会资本的授权通过签订 PPP 合作协议,政府并不直接出资与中选社会资本组建 PPP 项目公司,但将授权该 PPP 项目公司以下权利。

① 负责该项目区域内项目的投资、建设、运营及维护,在运营期内提供各设施及园区各部分的维护服务。

② 负责该项目区域内的招商引资以及投资、建设、经营、管理及服务相关工作。

③ 根据事先与政府签订的协议获取合理的收益。

④ 合作期满、协议履行完毕后,项目公司应将项目相关资产及资料完好、无偿地移交给政府或其指定机构(项目公司产权自持的自建自营项目除外)。

6.4.3 项目移交

项目公司通过招标确定施工承包人负责完成项目建设施工,形成的道路、桥梁等基础设施资产及形成的公共服务设施和物业资产由项目公司负责日常维护管理工作,合作期满合同履行完毕后将委托事项相关产权、经营管理权全部无偿移交给政府或其指定机构(社会资本产权自持的自建自营项目除外)。

6.5 项目回报机制设计

6.5.1 项目回报机制的几种方式

PPP回报机制一般包括使用者付费、可行性缺口补助和政府付费三种方式。根据类似项目经验,该项目回报机制由政府付费和使用者付费相结合,社会资本的投资及回报资金来源主要为政府付费,上限不超过合作区域新增财政收入企业应享有的部分。如合作期限届满,项目区域所产生的用于支付社会投资人的投资成本及收益资金来源的地方留成收入按照磋商确定的比例留存后的剩余部分全部实际支付社会投资人/项目公司后,仍不足以支付经结算实际应支付的费用,则政府不再另行支付,社会投资人/项目公司对此部分债务进行免除。

6.5.2 政府付费的几种方式

政府须支付的费用包括:建设费用、土地整理投资费用、产业发展服务费、规划设计、咨询等服务费、运营维护服务费、利息及资金占用费。

(1)建设费用

就基础设施建设,公共设施建设项目而言,政府须支付建设费用,具体包括建设成本和建设利润两部分,建设成本(含建筑安装工程费用及相关增值税等,不含建设期利息)以中介机构(政府与项目公司共同选定且应具备甲级资质,下同)参考湖北省当时适用的《建设工程定额标准》、市政当时适用的计价标准、经开区地方材料造价信息、当时适用的人工费调整标准等审计的竣工决算额为准;供水、供气等需要经特许经营合法程序实施的公用事业项目,项目公司建设运营并取得特许经营权的,按照特许经营合同约定进行支付和结算。项目公司自投自建自营自持的项目不与政府进行结算。建设利润:建设利润按建设项目建设成本(不含建设期利息)的一定比例计算,具体比例通过报价磋商确定。

(2)土地整理投资费用

依据《土地储备管理办法》国土资发〔2007〕277号规定,土地储备工作的具体实施,由土地储备机构承担。在该项目中社会资本配合土地储备机构的土地整理工作而进行相应的投资,以更高效的方式推动片区开发建设工作,待土地出让形成土地出让收入后由政府按土地出让金支出相关管理规定,合法、合规使用该部分收入资金,支付该部分土地整理成本和土地整理收益。

土地整理投资成本:合作区域内的相应土地整理投资的支出额(包括但不限于土地整理拆迁费用投资、农用地的复垦费用投资、与土地整理拆迁相关的各项补偿费用投资、村民拆迁安置区的建设费用投资、安置标准厂房的建设费用投资、管理服务费及与土地整理有关的税费等,但不包含整理期利息),以中介机构审计报告为准。

土地整理投资收益:按土地整理投资成本(不含整理期间利息)的一定比例计算,具体比例通过报价磋商确定。

(3)产业发展服务费

当年产业发展服务费的总额,按照项目区域内新增项目当年新增落地投资额(不含仅销售非运营的住宅底商和住宅项目,具体新增落地投资范围的界定,在PPP合作协议中进行细化和明确)的一定比例计取。其中,引进产业的类别分为制造类、通航营运类、培训类、维修类、其他配套服务类,前述具体比例根据引进产业的类别,通过报价磋商分别确定。产业发展委托服务费具体以审计报告为准。该服务费用一方面是对项目公司产业招商、宣传、服务所付出的各项成本性支出的回报;另一方面带有奖励、激励的性质,鼓励项目公司招来龙头企业、符合产业规划及未来发展方向的优质企业,最大限度创造税收,不断提升产业新城招商口碑与服务品质。

(4)规划设计、咨询等服务费

按照规划设计、咨询等服务合同金额加上合理收益结算,具体以审计报告为准,具体收益比例通过报价磋商确定。

(5)运营维护服务费

由项目公司投资建设的基础设施及政府委托建设的公共设施项目,项目公司一并负责合作期限内的运营维护工作。政府与项目公司将共同制定运营维护绩效考核体系标准,作为政府向项目公司支付此服务费的重要依据。运营维护服务费按照国家定价执行,如果没有国家定价的,按照政府指导价或经政府与企业共同商定的市场价确认,并依据运营维护绩效考核体系标准进行考核结算,具体以审计报告为准。

(6)资金占用费

资金占用费是指如政府方将当年合作区域内产生的区级留成收入,按照约定比例留存后剩余的部分根据PPP合作协议约定应支付社会资本方但没有全部实际支付社会资本方时,就前述应付未付的差额部分,政府方以其为基数按照中国人民银行壹年期同期贷款基准利率向社会资本方支付资金占用费,具体资金占用费的计算基数以PPP合作协议约定为准。使用者付费的内容包括:区域内物业管理服务、部分公共项目及公用事业服务等。有国家定价标准的按照国家定价执行;无国家定价的,按照政府指导价或政府与企业共同商定的市场价收取服务费用。该项目投资回报机制图如图6-3所示。

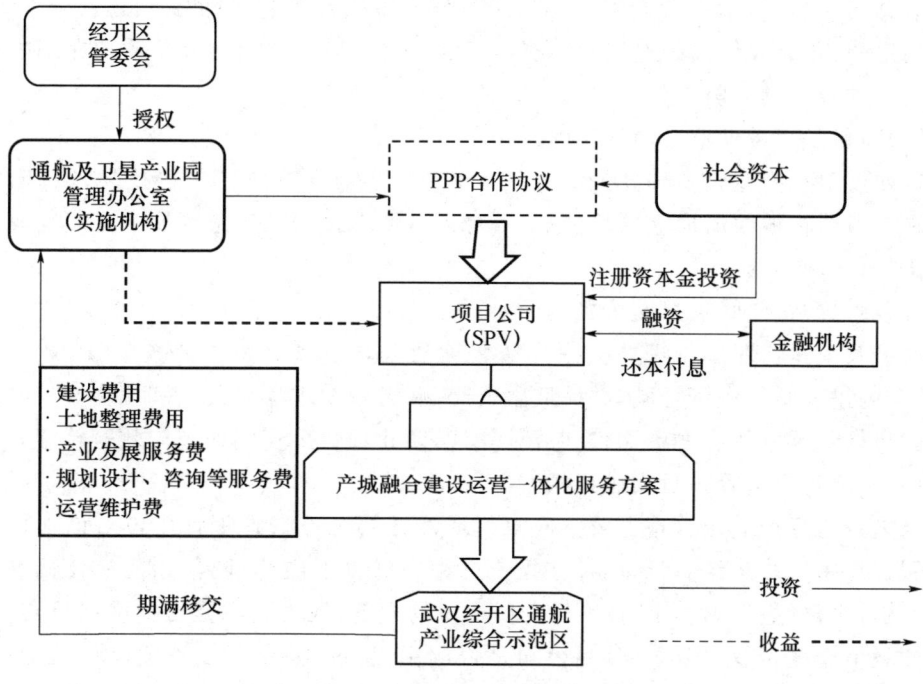

图 6-3 项目投资回报机制图

6.6 项目评估与监管

6.6.1 项目评估机制

针对该项目,经开区管委会将分别建立事前、事中和事后三阶段评估机制,以保证该项目顺利实施。

① 事前评估 在决策方面,经开区管委会根据物有所值(VFM)原则和财政承受能力论证作为 PPP 项目的实施依据。

② 事中评估 项目实施机构分别针对项目实施过程中的基建阶段、运营阶段制定中期评估制度。重点分析项目运行状况和项目合同的合规性、适应性和合理性;及时评估已发现问题的风险,制定应对措施。

③ 事后评估 在移交阶段,经开区管委会将对该项目移交资产进行评估,项目移交资产要达到移交标准方可移交。

6.6.2 履约监管

经开区管委会授权通航及卫星产业园管理办公室为该项目实施机构,负责该项目

PPP合作协议(包含所有合同附件)的履约管理,如社会资本/项目公司违反PPP合作协议约定的,政府方将按约追究社会资本/项目公司的违约责任,并从履约保函中抵扣相应的违约金。具体监管如下。

(1)项目公司设立监管项目实施机构

通航及卫星产业园管理办公室应监督中选社会资本方在PPP合作协议约定的期限内在项目所在地注册成立项目公司,并督促各股东按照约定进度要求足额完成项目公司出资。

(2)项目融资监管项目实施机构

通航及卫星产业园管理办公室应监督项目公司及社会资本方按照《PPP合作协议》约定的进度签署融资合同,并完成融资交割,有权要求项目公司和社会资本方提交与金融机构签署的所有融资文件和放款凭证,防止项目公司的债务向政府转移。

(3)项目投资监管项目实施机构

通航及卫星产业园管理办公室应自行或委托第三方选择审计单位对该项目进行全程跟踪评审及竣工结算评审,并在投资过程中对以下内容进行监管:社会资本对项目公司的出资额是否符合PPP项目合作协议的规定;社会资本是否抽逃项目资本金;项目建设资金是否及时到位;项目公司是否挪用、挤占、截留建设资金;项目公司是否严格执行建设资金专款专用、账户存储管理的规定;项目公司是否按照合同规定的支付工程款和应由其支付的其他款项;项目公司是否建立健全财务机构,财务制度是否规范;是否存在违反与项目建设资金使用监管相关法律、法规规定的其他行为的等。

(4)项目建设监管

政府方选择监理公司负责对该项目进行管理,其费用由项目公司承担。在不影响项目建设进度的前提条件下,项目实施机构通航及卫星产业园管理办公室可委托其代表对项目工程的施工现场进行检查,强化质量、安全监督。项目实施机构通航及卫星产业园管理办公室(或委派专业机构)应派代表参加项目工程的验收工作,审核验收记录、竣工验收文件、竣工图纸等。项目实施机构通航及卫星产业园管理办公室在PPP项目合作中约定该项目的质量、安全、文明施工标准,保证该项目建设工程质量。

(5)项目运维监管

项目投入运维后,项目实施机构通航及卫星产业园管理办公室应对项目公司进行监管,以加强对公共服务质量的监管。主要包括:

① 项目实施机构通航及卫星产业园管理办公室(或委派专业机构)应监督项目公司履行PPP项目合作中运维的义务;

② 项目实施机构通航及卫星产业园管理办公室(或聘请专业机构)应根据《绩效考核内容和标准》,定期对项目公司监测项目绩效指标,并要求项目公司披露项目经营状况,确保项目符合服务技术规范和PPP合作协议约定的标准;

③ 项目实施机构通航及卫星产业园管理办公室(或聘请专业机构)应建立对项目

公司运维成本的定期审查制度,加强成本审计。

(6)项目移交监管

项目实施机构通航及卫星产业园管理办公室对项目产权和合同执行情况进行监督,当项目移交时,应对项目整体情况进行评估。

6.6.3　行政监管

经开区相关政府部门依照法律法规的授权对项目进行合规性监管。重点关注建设质量、运维绩效考核、安全生产、环境保护和劳动者权益等。在项目投融资、建设、运维到移交的各个实施阶段,PPP合作协议将接受行政部门的监督及检查和纪检监查。

6.6.4　公众参与

该项目将建立适当机制鼓励社会公众参与,包括主动信息公开、建议意见征集、公共服务评价等各个方面和环节。

参考文献

白木,2001. 国外通用航空运行及未来发展趋势[J]. 综合运输,(1):30-31.
北京京投土地项目管理咨询股份有限公司,2006. 城市土地开发与管理[M]. 北京:中国建筑工业出版社.
布仁满来,孙天辉,2011. 浅谈呼伦贝尔地区通用航空发展[J]. 空中交通管理,(12):54-55.
柴震,1996. 关于通航机场的规划及其经济效益分析[J]. 民航经济与技术,(5):44-46.
陈蓓蓓,2013. 我国通用航空产业及产业链研究[D]. 南京:南京航空航天大学.
陈渤,2007. 基于GIS、GPS通用航空飞行保障系统的初步研究[D]. 南京:南京航空航天大学.
陈团生,刘建军,2007. 我国航空的发展对策分析[J]. 交通与运输,(3):10-15.
陈为毅,2013. 创建海南通用航空产业园的思考[J]. 今日海南,(3):35.
陈文华,狄娟,费燕,2008. 民用机场运营与管理[M]. 北京:人民交通出版社.
陈远东,2005. 通用航空产业的生长点在哪里——发展浙江省通用航空产业的思考[J]. 中国军转民,(9):68-72.
成珊珊,2010. 武汉市发展科技中小企业投融资平台的对策研究[J]. 中国证券期货,(3):36-38.
程工,张秋云,李前程,等,2006. 中国工业园区发展战略[M]. 北京:社会科学文献出版社.
邓寿鹏,1993. 发展民用航空产业新起点——民用航空产业发展政策研究成果专著[M]. 北京:航空工业出版社.
邓心安,王世杰,姚庆筱,2006. 生物经济与农业未来[M]. 北京:商务印书馆.
房新光,2008. 中国民营航空的理论探讨和实证研究[M]. 北京:中国民航出版社.
冯军红,尚华,2011. 探索我国通用航空改革发展[J]. 科技资讯,(11):220.
冯晓平,2012. 基于资源的区域通用航空机场发展研究[J]. 南昌航空大学学报(社会科学版),14(2):19-24.
付聪,2013. 我国通用航空市场分析及保障研究[D]. 南京:南京航空航天大学.
付敏英,汪波,2012. 城镇化大型产业园区开发融资模式选择与方案设计研究[J]. 财经理论与实践,33(7):41-44.
付泳,郭龙,2008. 新制度经济学[M]. 兰州:兰州大学出版社.
葛家澍,林志军,2001. 现代西方财务会计理论[M]. 厦门:厦门大学出版社:42.
葛培健,张燎,2009. 基础设施BT项目运作与实务[M]. 上海:复旦大学出版社.
耿建华,王霞,谢钧,等,2007. 通用航空概论[M]. 北京:航空工业出版社.
龚文抗,2000. 西方国家的民用航空和机场发展2000[R]. 北京:中国国际贸易促进委员会.
顾承东,刘武君,2009. 大型国际机场多元化融资模式研究[M]. 上海:上海科学技术出版社.
韩录,2010. 北京市高新技术产业投资基金建设研究[J]. 技术经济与管理研究,(6):42-45.
韩卿爱,马驰,2012. 关于我国通用航空机场建设与发展的思考[J]. 空运商务,(18):7-10.
黄丽,2012. 如何认识园区开发贷款[J]. 银行家,(4):72-74.
江慧娟,2013. 支线机场与通用机场建设标准对比[J]. 中国民用航空,(5):52-53.
康楠,2006. 美国飞行服务站简介[J]. 空中交通管理,(3):39-41.

康永,周建民,2012. 通用航空发展现状、趋势和对策分析[J]. 现代导航,(5):360-367.
孔德明,2011. 关于沈阳通用航空产业基地建设的研究[J]. 沈阳干部学刊,13(1):55-56.
孔样坡,2008. 资产证券化在我国民航机场建设融资中的应用[D]. 北京:北京工商大学.
黎文建,王志刚,2013. 现代农机物流贸易园融资平台建设的探索[J]. 经营管理者,(4)254.
李秉祥,丁宁,等,2012. 产业园区内企业的股权投资链条研究[M]. 北京:科学出版社.
李成智,苏道宁,2010. 中国通用航空:问题、原因及对策[J]工程研究,2(1):15-22.
李春锦,文泾,2017. 空中交通管理[M]. 北京:北京航空航天大学出版社.
李桂进,孙锡庭,2009. 江苏省通用航空发展战略研究[M]. 北京:中国民航出版社.
李晓光,胡丽梅,2010. 通用航空产业深度研究报告:未来十年复合增长率20%[R]. 上海:上海申银万国证券研究所有限公司.
李政,2011. 我国民用机场项目融资研究[D]. 大连:大连海事大学.
梁彦勋,2011. 西部地区高新技术产业投融资探析[J]. 特区经济,(8):197-198.
刘波,2008. 成都机场扩建项目融资方式研究[D]. 成都:西南财经大学.
刘得一,2005. 民航概论[M]. 北京:中国民航出版社.
刘明,2009. 政府主导机场投融资建设之路[J]. 中国科技投资,(9):66-67.
刘珊杉,2011. 中国通用航空产业:问题、原因及对策[J]. 区域经济与产业经济:(2)26-27.
刘万庆,2011. 县域高新技术产业社会化多元化投融资机制研究[J]. 现代商业,(32):143-144.
刘薇,2007. 我国机场企业融资研究[D]. 上海:复旦大学.
马晓哲,跃军,赵志武,2010. 土地一级开发BT模式探索[J]. 知识经济,(1):6-7.
马秀岩,2009. 项目融资[M]. 北京:中国财政经济出版社.
毛振华,2012. 通用航空应借鉴国外经验[J]. 中外企业文化,(7):14-15.
孟海涛,2012. 通用航空建设规范解读[J]. 中国工程咨询,(9):21-23.
孟平,2004. 中国通用航空50年[M]. 北京:中国民航出版社.
欧阳杰,陈晨,2011. 天津通用航空产业发展战略研究[C]. 天津:中国通用航空发展研讨会论文集:57-61.
庞正,李景文,2011. 海南地区低空空域改革和通用航空发展[J]. 中国民用航空,(7):23-25.
彭鹏飞,陶维功,2010. 我国水上飞机的海事管理对策与建议[J]. 中国海事,(4):48-51.
彭勇,2010. 对我国发展水上飞机的展望[J]. 交通与运输,(5):25-27.
钱文莺,2011. 城市土地一级开发融资模式分析[J]. 城市建设理论研究,(11).
秦灿灿,2009. 机场衔接城市——大型机场集疏运体系规划研究[M]. 中国建筑工业出版社.
秦岭,2009. 我国通用航空业极具发展空间[J]. 创新科技,(8):8-13.
沙夫里茨,拉塞尔,伯里克,2011. 公共行政导论[M]. 北京:中国人民大学出版社.
生颖洁,2006. 我国民用机场融资模式研究[D]. 天津:中国民航大学.
史宝华,许巍,王文杰,等,2010. 中国机场建设的现状与发展[J]. 筑路机械与施工机械化,(2):14-19.
史永胜,王霞,耿建华,2007. 通用航空运营与管理[M]. 北京:航空工业出版社.
宋春云,2011. 园区建设融资途径解析[J]. 经营管理者,(18):258.
孙波,2012. 中国轻型飞机产业化研究[D]. 宜昌:三峡大学.

唐文琳,2011.区域生产贸易链与出口产业发展研究[M].北京:人民出版社.

唐涌,2010.高速公路投融资研究[M].成都:电子科技大学出版社.

唐长森,2012.浅谈我国通用航空的发展[J].科技信息,(18):75.

佟刚,张利国,2011.通用航空产业发展途径探讨[J].沈阳航空航天大学学报,28(6):33-36.

汪泓,周慧艳,2008.机场运营管理[M].北京:清华大学出版社.

汪宇明,2003.新世纪城市工业发展布局规划:广西南宁市的探索与实践[M].北京:科学出版社.

王飞,2006.区域经济学[M].太原:山西人民出版社:539-540.

王海虹,2012.龙门文化旅游园区建设与投融资研究[J].洛阳师范学院学报,31(4):82-85.

王姣娥,莫辉辉,金凤君,2008.世界机场空间格局及对中国的启示[J].世界地理研究,17(3):8-18.

王进,2013.我国民用机场融资模式浅议[J].会计师,(3):62-63.

王珂,2011.通用航空旅游的系统构成与发展模式研究[D].西安:长安大学.

王磊,2008.PPP 模式在中小旅游机场投融资建设中的应用及研究[D].上海:同济大学.

王立军,2007.创新集聚与区域发展[M].北京:中国经济出版社.

王伟,刘松,2006.关于我国低空空域管理问题的思考[J].空中交通管理,(5):4-10.

王炜豪,2011.通用航空飞行的管制指挥[J].河南科技,(20):77.

王相启,2010,.促进财政投融资平台建设的几点建议[J].中国财政,(10):51-52.

王向玲,孙继湖,2011.国外通用航空发展趋势研究[D].天津:中国民航大学.

魏巍,2009.对天津市发展航天产业的思考[J].城市,(8):36-39.

吴金栋,吕宗平,2011.我国通用航空机场定义及分类方法研究[J].综合运输,(4)24-28.

吴涛,2011.机场货站建设融资模式初探[J].价值工程,(9):170.

吴桐,2012.关于廊坊市科技型企业投融资机制创新研究[J].商业文化,(5):160.

吴蔚蓝,李军,2011.县域工业园区建设与金融支持情况调查——以庆阳市为例[J].西部金融,(5):58-59.

徐敏敏,戴曙洲,裘烨,2013.舟山群岛新区大力发展通用航空的路径选择[J].港口经济,(5):39-42.

徐平利,靳永发,2010.公务航空基地建设及运营思考[J].中国民用航空,(11):36-38.

徐哲,2011.武器装备项目进度、费用与风险管理[M].北京:国防工业出版社.

薛楠,刘舜.新能源战略性新兴产业投融资问题探讨[J].中国流通经济,2013,(6):116-120.

严金海,2012.高新技术产业开发区投融资体系建设初探[J].中国管理信息化,15(3):26-28.

杨帆,2006.国内民用机场建设项目多元化融资方式探讨[D].成都:西南财经大学.

杨琳,2010.第四期中美航空合作民航高级管理培训报告[J].中国民用航空,(11):31-35.

尧丰,韩松臣,2009.通用航空飞行管理问题研究[J].科技信息,(35):185-186.

姚林如,2011.航空产业经济学[M].武汉:武汉理工大学出版社.

于耕,张述杰,禄韶勇,等,2009.我国通用航空管理与低空空域两项改革的协同与呼应[J].中国民用航空(11):26-27.

张峰琳,2009.中国民航管理创新与激励机制研究[M].北京:中国民航出版社.

张鸿儒,2011.产业园区的经营管理[M].北京:经济管理出版社.

张静,2011.新北工业园区政府融资平台研究[J].中国外资,(22):10-11.

张宁,2007. 西安航空产业基地发展中心IPO融资研究[D]. 西安:西北大学.

张培刚,2012. 农业与工业化[M]. 北京:中信出版社.

张去非,陈雅萍,2011. 加快融资租赁服务体系建设,提高区域经济直接融资比例[J]. 辽宁经济,(11):21-23.

张相文,曹亮,2011. 国际贸易理论与实务[M]. 武汉:武汉大学出版社.

郑通和,2007. 共创中国通用航空发展的春天[J]. 中国民用航空,(6):17-21.

中国民用机场协会,2011. 2009—2010中国民用机场发展报告[M]. 北京:人民交通出版社.

周经纬,2011. 地方政府完善科技投融资体系的探索与实践——以广东东莞市为例[J]. 吉林工商学院学报,27(3):44-48.

周茜,葛扬,2011. "十二五规划"框架下的苏州工业园区基础设施投融资形式分析[J]. 现代管理科学,(5):12-14.

周世锋,马高明,2012. 加快浙江通用航空产业发展——基于德清建设通航产业基地的思考[J]. 浙江经济,(10):42-43.

朱团钦,等,2003. 中外高新技术产业风险投资理论与实践[M]. 银川:宁夏人民出版社.

邹晓峰,许悟,2012. 基于政府视角的高新区园区开发投融资规划:线性规划[J]. 中国集体经济,(25):84-85.

CAVES R E, GOSLING G D,1999. Strategic airport planning [M]. Bingley:Emerald Group Publishing:84.

International Civil Aviation Organization (ICAO),2001. Air traffic services, annex to the convention on international civil aviation [Z]. Montreal:International Civil Aviation Organization,13(2):3-4.